俄 国 史 译 丛 · 经 济

*Серия переводов книг по истории России*

*Россия*

**Коммерческие банки в России:**
**динамика и структура операций 1864-1917**

# 俄国股份商业银行：
# 1864—1917 年业务结构和发展动态

〔俄〕C.A.萨拉玛季娜 / 著
*C.A.Саломатина*

刘玮 / 译

社会科学文献出版社
SOCIAL SCIENCES ACADEMIC PRESS (CHINA)

本书根据俄罗斯政治百科全书出版社 2004 年版本译出

# 俄国史译丛编委会

# 作者简介

C. A. **萨拉玛季娜**（Саломатина Софья Александровна） 历史学副博士，莫斯科国立大学副教授，当代俄罗斯著名经济史学家，《经济年鉴》编辑委员会委员。主要研究领域：历史信息学、经济史、金融史。

主要著作有：《俄国股份商业银行：1864～1917 年业务结构和发展动态》（Коммерческие банки в России: динамика и структура операций, 1864～1917）专著一部，《19 世纪下半期 20 世纪初帝俄资本市场一体化》（Интеграция рынков капиталов Российской империи во второй половине XIX в. ～ начале XX в.）、《帝俄银行传统转型》（Трансформация имперских банковских традиций）、《革命前俄国商业银行投资业务》（Инвестиционные операции коммерческих банков в дореволюционной России）等系列论文。

# 译者简介

　　**刘　玮**　女，历史学博士，吉林大学公共外语教育学院副教授，主要研究方向为俄语语言文化学、社会语言学和俄国金融史等，1991 年、1997 年和 2011 年在吉林大学分别获得学士、硕士和博士学位，2001～2002 年在俄罗斯莫斯科大学进修，参与编写高等教育出版社、吉林大学出版社教材 3 部，先后在《吉林省教育学院学报》《作家》《社会科学战线》《西伯利亚研究》《北方论丛》等杂志上发表论文和译文若干篇。

# 总　序

　　我们之所以组织翻译这套"俄国史译丛"，一是由于我们长期从事俄国史研究，深感国内俄国史方面的研究严重滞后，远远满足不了国内学界的需要，而且国内学者翻译俄罗斯史学家的相关著述过少，不利于我们了解、吸纳和借鉴俄罗斯学者有代表性的成果。有选择地翻译数十册俄国史方面的著作，既是我们深入学习和理解俄国史的过程，还是鞭策我们不断进取的过程，培养人才和锻炼队伍的过程，也是为国内俄国史研究添砖加瓦的过程。

　　二是由于吉林大学俄国史研究团队（以下简称我们团队）与俄罗斯史学家的交往十分密切，团队成员都有赴俄进修或攻读学位的机会，每年都有多人次赴俄参加学术会议，每年请 2～3 位俄罗斯史学家来校讲学。我们与莫斯科大学历史系、俄罗斯科学院俄国史研究所、世界史所、俄罗斯科学院圣彼得堡历史所、俄罗斯科学院乌拉尔分院历史与考古所等单位学术联系频繁，有能力、有机会与俄学者交流译书之事，能最大限度地得到俄同行的理解和支持。以前我们翻译鲍里斯·尼古拉耶维奇·米罗诺夫的著作时就得到了其真诚帮助，此次又得到了莫大历史系的大力支持，而这是我们顺利无偿取得系列书的外文版权的重要条件。舍此，"俄国史译丛"

工作无从谈起。

三是由于我们团队得到了吉林大学校长李元元、党委书记杨振斌、学校职能部门和东北亚研究院的鼎力支持和帮助。2015 年 5 月 5 日李元元校长访问莫大期间，与莫大校长萨多夫尼奇（В. А. Садовничий）院士，俄罗斯科学院院士、莫大历史系主任卡尔波夫教授，莫大历史系副主任鲍罗德金教授等就加强两校学术合作与交流达成重要共识，李元元校长明确表示吉林大学将大力扶植俄国史研究，为我方翻译莫大学者的著作提供充足的经费支持。萨多夫尼奇校长非常欣赏吉林大学的举措，责成莫大历史系全力配合我方的相关工作。吉林大学主管文科科研的副校长吴振武教授，社科处霍志刚处长非常重视我们团队与莫大历史系的合作，2015 年尽管经费很紧张，还是为我们提供了一定的科研经费。2016 年又为我们提供了一定经费。这一经费支持将持续若干年。

我们团队所在的东北亚研究院建院伊始，就尽一切可能扶持我们团队的发展。现任院长于潇教授上任以来 3 年时间里，一直关怀、鼓励和帮助我们团队，一直鼓励我们不仅立足国内，而且要不断与俄罗斯同行开展各种合作与交流，不断扩大我们团队在国内外的影响。在 2015 年我们团队与莫大历史系新一轮合作中，于潇院长积极帮助我们协调校内有关职能部门，与我们一起起草吉林大学东北亚研究院与莫斯科大学历史系合作方案（2015～2020 年），获得了学校的支持。2015 年 11 月 16 日，于潇院长与来访的莫大历史系主任卡尔波夫院士签署了《吉林大学东北亚研究院与莫斯科大学历史系合作方案（2015～2020 年）》，两校学术合作与交流进入了新阶段，其中，我们团队拟 4 年内翻译莫大学者 30 种左右学术著作的工作正式启动。学校职能部门和东北亚研究院的大力支持是我们团队翻译出版"俄国史译丛"的根本保障。于潇院长为我们团队补充人员和提供一定的经费使我们更有信心完成上述任务。

2016 年 7 月 5 日，吉林大学党委书记杨振斌教授率团参加在莫斯科大学举办的中俄大学校长峰会，于潇院长和张广翔等随团参加，会议期间，杨振斌书记与莫大校长萨多夫尼奇院士签署了吉林大学与莫大共建历史学中心的协议。会后莫大历史系学术委员会主任卡尔波夫院士，莫大历史系主任杜奇科夫（И. И. Тучков）教授（2015 年 11 月底任莫大历史系主任），莫大历史系副主任鲍罗德金教授陪同杨振斌书记一行拜访了莫大校长萨多夫尼奇院士，双方围绕共建历史学中心进行了深入的探讨，有力地助推了我们团队翻译莫大历史系学者学术著作一事。

四是由于我们团队同莫大历史系长期的学术联系。我们团队与莫大历史系交往渊源很深，李春隆教授、崔志宏副教授于莫大历史系攻读了副博士学位，张广翔教授、雷丽平教授和杨翠红教授在莫大历史系进修，其中张广翔教授三度在该系进修。与该系鲍维金教授、费多罗夫教授、卡尔波夫院士、米洛夫院士、库库什金院士、鲍罗德金教授、谢伦斯卡雅教授、伊兹梅斯杰耶娃教授、戈里科夫教授、科什曼教授等结下了深厚的友谊。莫大历史系为我们团队的成长倾注了大量的心血。卡尔波夫院士、米洛夫院士、鲍罗德金教授、谢伦斯卡雅教授、伊兹梅斯杰耶娃教授、科什曼教授和戈尔斯科娃副教授前来我校讲授俄国史专题，开拓了我们团队及俄国史方向硕士生和博士生的视野。卡尔波夫院士、米洛夫院士和鲍罗德金教授被我校聘为名誉教授，他们经常为我们团队的发展献计献策。莫大历史系的学者还经常向我们馈赠俄国史方面的著作。正是由于双方有这样的合作基础，在选择翻译的书目方面，很容易沟通。尤其是双方商定拟翻译的 30 种左右的莫大历史系学者著作，需要无偿转让版权，在这方面，莫大历史系从系主任到所涉及的作者，克服一切困难帮助我们解决关键问题。

五是由于我们团队有一支年富力强的队伍，既懂俄语，又有俄国史方面的基础，进取心强，甘于坐冷板凳。学校层面和学院层面一直重视俄国史研究团队的建设，一直注意及时吸纳新生力量，使我们团队人员年龄结构合理，后备有人，有效避免了俄国史研究队伍青黄不接、后继无人的问题。我们在培养后备人才方面颇有心得，严格要求俄国史方向硕士生和博士生，以阅读和翻译俄国史专业书籍为必修课，硕士学位论文和博士学位论文必须以使用俄文文献为主，研究生从一入学就加强这方面的训练，效果很好：培养了一批俄语非常好，专业基础扎实，后劲足，崭露头角的好苗子。我们在组织力量翻译米罗诺夫所著的《俄国社会史》《帝俄时代生活史》方面，以及在中文刊物上发表的 70 多篇俄罗斯学者论文的译文，都为我们承担"俄国史译丛"的翻译工作积累了宝贵的经验，锻炼了队伍。

译者队伍长期共事，彼此熟悉，容易合作，便于商量和沟通。我们深知高质量地翻译这些著作绝非易事，需要认真再认真，反复斟酌，不得有半点的马虎和粗心大意。我们翻译的这些俄国史著作，既有俄国经济史、社会史、城市史、政治史，还有文化史和史学理论，以专题研究为主，覆盖的问题方方面面，有很多我们不懂的问题，需要潜心翻译。我们的翻译团队将定期碰头，利用群体的智慧解决共同面对的问题，单个人所无法解决的问题，以及人名、地名、术语统一的问题。更为重要的是，译者将分别与相关作者直接联系，经常就各自遇到的问题用电子邮件向作者请教，我们还将根据翻译进度，有计划地邀请部分作者来我校共商译书过程中遇到的各种问题，尽可能地减少遗憾。

我们翻译的"俄国史译<u>丛</u>"能够顺利进行，离不开吉林大学校领导、社科处和国际合作与交流处、东北亚研究院领导的坚定支持和可靠后援；莫大历史系上下共襄此举，化解了很多合作路上的难题，将此举视为我们共同的事业；社会科学文献出版社的恽薇、高雁等相关人员将此举视为我们共同的任务，尽可能地替我们着想，我们之间的合作将更为愉快、更有成效。我们唯有竭尽全力将"俄国史译<u>丛</u>"视为学术生命，像爱护眼睛一样呵护它、珍惜它，这项工作才有可能做好，才无愧于各方的信任和期待，才能为中国的俄国史研究的进步添砖加瓦。

上述所言与诸位译者共勉。

吉林大学东北亚研究院

张广翔

2016 年 7 月 22 日

# 缅怀恩师瓦列里·伊万诺维奇·鲍维金

——著者的话

本书基于我的副博士论文创作而成。1994～1998 年，我在莫斯科大学历史系攻读副博士学位，师从瓦列里·伊万诺维奇·鲍维金教授。感谢恩师！缅怀恩师！恩师对我学业的循序渐进的悉心指导令我受益终生，铭感不忘，给我的一生留下最美好的回忆。

银行演化史始终是瓦列里·伊万诺维奇最感兴趣的研究领域之一。因此，恩师建议我从事这个题目的研究不足为奇。恩师的学术思想在于寻求新的理论观点和方法论去研究革命前 1864～1917 年刊出的商业银行财务报表。他不止一次地说过，正是积累了丰富的驾驭文献史料的经验，才引发了他浓厚的兴趣，产生了强烈愿望去深入挖掘和分析银行财务统计数据。令恩师不解的是，是什么原因致使这些珍贵的史料默默地躺在图书馆的书架上，束之高阁，落满灰尘，无人问津？因此，恩师敦促我来到图书馆寻宝似的查阅这些文献史料。50 多年前的旧书被杂乱地堆放在阅览室，如同通往科学的道路上布满荆棘，寸步难行。我在这堆积如山的资料里翻寻自己需要的资料信息，不时地咨询恩师，共同探讨问题，可是恩师还是没能等到论文完稿的那一天，这是我一生的遗憾！我们只是大概地谈论了怎样梳理纷乱繁杂的史料，如何架构论文框架，厘清论文写作的思想和研究重心。但有一点是最主要的，就是我们明确了本书的基本写作思路：公开的商业银行财务报表含有大量关于银行业务经营的数据信息，这些史料完全能够成为俄国银行史研究自始至终关注度不减的有关圣彼得堡和莫斯科银行类型特点这一话题大辩论最有分量的论据。

1998～1999年，Г. Р. 娜乌莫娃 和 Л. И. 鲍罗特金在论文最后完成阶段给予我莫大的帮助，在此表示深深的谢意！1999年末，在俄罗斯人民友谊大学人文社会科学学系，我顺利地通过了论文答辩。

毕业后的几年时间里，我本人关于这个课题的研究视野大大拓宽。我在研究工作中成功地运用了大量新的财务统计数据。本书就是我将研究工作与近十年新挖掘的银行财务统计数据分析结合起来的成果。

最后，在这里，我想再一次向本书的审阅评论人及写作期间无私地帮助过我的 Б. В. 阿纳尼奇、М. Ю. 拉恰耶娃、Ю. А. 彼得罗夫、А. К. 索罗金、В. В. 克罗夫、В. М. 卡扎科娃 – 鲍维金娜、И. В. 波特金娜以及我的家人致以诚挚的谢意和崇高的敬意！

С. А. 萨拉玛季娜

# 目　录

# 引　言

19 世纪下半期至 20 世纪初期的俄国经济发展史一直受到史学家高度关注。俄国金融史同样引起史学家的浓厚兴趣，而信贷机构中的股份商业银行演变史，构成金融史不可分割的一部分。股份商业银行旨在为广大商贸客户提供金融服务，是国家整个信贷体系最重要的组成部分。

股份商业银行是俄国革命前夕直接为国民经济各部门提供资金的主要信贷机构。如果从圣彼得堡私营商业银行组建开始算起的话，俄国股份商业银行历史可追溯至 1864 年 11 月 1 日。在不同的历史发展时期，全俄运营的股份商业银行有 30~50 家，第一次世界大战前夕，股份商业银行分行、支行以及经纪代理处共计 800 余家。①

苏联历史编纂学沿着银行与工业发展相互关系、俄国工业化进程中外资融资作用、俄国金融工业集团发展概况等几个方向详尽展开银行演变史研究工作并取得一定成果。换言之，在 20 世纪革命前夕，俄国商业银行作为金融资本构成要素就已经得到研究。这种对银行演变

---

① Бовыкин В. И., Петров Ю. А. Коммерческие банки Российской империи. М., 1994. C. 40.

史的研究视角预先决定了专家高度重视的主要是这样一些信贷机构，也就是最大限度地与工业化进程、工业战略领域和部门发展以及俄国大垄断组织及外资活动息息相关的股份商业银行的运行状况。①

但是，对于股份商业银行发展史问题，直到今天仍有许多方面的研究有待深入。历史学很少去触及和研究作为一种经济活动类型、调节经济货币流通并维持国家经济空间统一的银行实务这一领域。商业银行是革命前俄国信贷和结算体系最重要的部分。银行通过开展常规普通业务履行职能，这些业务具有簿记核算制度规定的标准形式。提供贷款、进行银行结算、办理储蓄存款等也被划入上述业务范围。作为商业企业，银行的基本收入取决于上述业务的经营状况。

革命前股份商业银行的普通业务即为本书研究的对象。如果说前辈史学家关注的重点主要是个别企业和部门的贷款与融资历史的话，那么，本书却是通过分析银行业务结构特点来反观"实业界精英"的经营状况。这一观点和构想使我们能够运用俄国实例来研究19世纪到20世纪初的银行类型学。银行类型学也是全球经济史以及金融信贷机构发展史上的最基本问题。②

---

① Об этом см.：Гиндин И. Ф. Банки и промышленность России до 1917 г. М.；Л.，1927；его же. Русские коммерческие банки. М.，1948；Бовыкин В. И. Зарождение финансового капитала в России. М.，1967；его же. Формирование финансового капитала в России. Конец XIX в. — 1908 г. М.，1984；Бовыкин В. И.，Петров Ю. А. Указ. соч.；Петров Ю. А. Коммерческие банки Москвы. Конец XIX в. — 1914 г. М.，1998.

② Об этом см.，*Banking in the Early Stages of Industrialisation*，ed. by R. Cameron（Oxford，N. Y.，1967）；*Banking and Economic Development: Some Lessons of History*，ed. by R. Cameron（Oxford，N. Y.，1972）. 还应该指出的是，这套统计资料有1/3是在较晚时期即1991年由 P. 卡迈龙和 B. И. 鲍维金二人合作编辑出版。*International Banking*，1870 – 1914，ed. by R. Cameron，V. I. Bovykin（Oxford，N. Y.：，1991）.

　　革命前银行财务统计是本书研究商业银行普通业务的根基所在。银行财务统计数据包括两大部分史料：（1）财务报表；（2）19世纪下半期至20世纪初根据这些财务报表的数据资料筹备出版的统计刊物。

　　银行财务报表即财务报表凭证，用数字反映了同一时期各银行普通业务的经营成果。银行有义务向财政部特别信贷办公厅及财政厅提交财务报表并在报界刊出其主项内容。在1864年到1917年春股份商业银行运营的整个时期，俄国政府一直对银行经营活动实行实时监督政策，积累了丰富的史料，直到收集和公布银行统计数据资料的制度被废止。

　　股份商业银行财务统计是革命前俄国信贷统计的核心构成部分，信贷统计是指各类信贷机构的财务统计（官办的和私营的，如俄国国家银行、互助信贷社、城市公立银行、官办的和私营的土地银行等）。同时，还有大量革命前股份公司财务统计资料，从法律角度看，股份商业银行也应该归属股份公司类别。但是，银行财务统计发展的形式、内容及特点与股份工贸公司的财务统计存在本质性区别，因此股份商业银行财务统计应该置于信贷统计框架下研究。

　　本书研究的是股份商业银行财务统计核心内容，涉及以下三个重要部门：中央统计委员会（只存在于19世纪70年代）、财政部及股份商业银行代表大会委员会。

　　本书是第一部系统性地研究革命前银行财务统计资料的专著，在之前的俄罗斯，无论对于银行财务统计资料核心内容的规模还是数据呈现出的特点，都缺乏完整的认识与了解。历史学科片段地研究商业银行财务统计问题，几乎没有针对这一主题的出版物，其中原因莫过于此。

本书由以下两部分构成。第一部分直接涉及商业银行的财务统计问题。首先有必要消除在研究和使用这些统计资料时积存多年的误会。目前，分析俄国股份商业银行财务统计综合性资料必须从公开财务报表这块基石着手。其中最重要的研究任务就是这类财务凭证的结构及其演变史，同时还要考虑银行公文处理惯例、法令法规酝酿、国家相关政策制定等多方面因素。只有这样才能回答有关这些数据信息量程度的问题，才有可能规划具体研究任务。

本书研究重点是财务统计综合性资料的出版历史。对一系列这类出版物以及编写综合统计报表所运用的方法详加分析。鉴于此，书中第一部分的重心是股份商业银行代表大会委员会发展史。革命前主要的商业银行财务统计刊物出版及发行和该组织的活动密切相关。

和第一部分不同的是，本书第二部分主要研究财务统计资料完备的商业银行发展史，关注重点是革命前俄国商业银行类型学。书中揭示了银行类型划分原因，以及 19 世纪到 20 世纪初的实业银行、储蓄银行和综合银行等西欧传统银行模式，它们究竟是如何又是采用什么方式根植于俄国土壤并开花结果的？

对信贷机构普通业务的研究为进一步深入探讨革命前俄国整个金融信贷体系开拓了新的视野，与商业银行相比，整个这一领域的研究深度还远远不够。

通过对银行普通业务的研究，我们可以揭示革命前俄国信贷机构类型多样化的原因所在。例如，1895 年，俄国境内运营的官办信贷机构包括俄国国家银行及分支机构、储金局、贵族土地银行和农民土地银行及其分支机构；私营信贷机构包括股份商业银行、互助信贷社、股份土地银行以及长期信贷社、城市信贷社、城市公立银行、私营典当银行和城市典当银行、城市储金局、乡村公立银行、储贷社、工业家贷款处、乡村银行及储蓄所等。①

俄国信贷机构种类为什么如此丰富多样？背后成因是什么？依照我们的观点，一切应从革命前俄国就已存在的纵横交错的不同经济部门、经济区划、整个客户群尤其是企业主共同体成员之间贷款多样化这些方面去寻求答案。

因此，书中提出了综合地研究俄国经济信贷制度问题这一观点。如果20世纪的历史编纂学依据银行和工业企业相互关系的具体史实研究信贷制度的话，那么，依照本书观点，研究重心应转向经济主体信贷通道这一问题。换言之，研究的基本问题是：什么样的企业主社会团体和区域团体需要贷款？它们需要的贷款种类有哪些？贷款规模如何？通过什么样的信贷机构能够获得贷款？

同时，本书得出的结论对认识和理解俄国金融信贷活动的民族历史经验极为重要，因为当今时代信贷机构和工业集团相互关系问题具有重要的现实意义。

---

① Русские банки: Справочник и статистические сведения о всех действующих в России государственных частных и общественных кредитных учреждениях на 1 января 1895 г. СПб. , 1896.

# 第一部

# 1864～1917 年俄国商业银行财务统计

# 第一章
# 俄国商业银行财务统计研究的历史传统

俄国历史编纂学很少涉及革命前商业银行的普通业务，相关阐述很少，研究重心主要集中在其他问题上。因此，在俄国历史文献中很少能搜索到银行财务统计方面的内容，这方面内容首先包含关于商业银行常规普通业务信息的重要的财务统计数据，但是无论是对于普通业务还是对于财务统计问题，学界仍然进行了一番研究。因此，必须明确的是，有关 19 世纪末 20 世纪初银行史的研究中，商业银行普通业务在诸多研究对象中究竟占有什么样的地位？还有，鉴于这一点，在现有科学范式下，商业银行财务统计数据究竟是一种什么程度上的珍贵文献资料？

## 一 革命前的历史时期

革命前俄国历史、法律以及经济学科有关商业银行的文献汗牛充栋，为其研究奠定了良好基础。① 与苏联时期相比，这一时期的

---

① 19 世纪下半期，俄国已经开始进行详细的图书索引编辑工作，参见古里耶夫《俄国货币经济专著图书索引资料》，圣彼得堡，1896。

特点是研究资料极其丰富多样。

历史和法律文献阐述了商业银行史上的重大事件和重要问题：银行发展的上行期和下滑期、交易主体参与交易的积极性、银行创建活动、经济危机时为自身生存而付出的努力、银行立法的演变以及商业银行同俄国国家银行的关系。20 世纪初，俄国出现了首批概括性著作，系统阐述了 18～19 世纪俄国信贷机构的演变史，从信贷立法以及政府的商业银行政策演化入手，进一步详尽地研究了这一问题。[1]

革命前俄国金融和银行的经济学著述积极阐述货币流通、国债和私人有价证券市场、外汇汇率及贴现率的波动、银行体系整体效益，而这些问题在苏联时期却被束之高阁，被搁置在次要位置上，他们反而对欧洲与俄国财务制度的比较研究给予了格外的关注，重点研究了俄国银行区域性发展特点，一时涌现出大量关于这些问题的经济描述性著作。[2]

---

[1] Гурьев А. Н. Очерк развития кредитных учреждений в России. СПб. , 1904; Мигулин П. П. Наша банковская политика, 1729—1903. СПб. , 1904; Печерин Я. И. Исторический обзор правительственных, общественных и частных кредитных установлений в России. СПб. , 1904.

[2] Напр. , см. : Банковская энциклопедия / Под общ. ред. Л. И. Яснопольского. Т. 1. Коммерческие банки. Киев, 1914; Боголепов М. И. Война финансы и народное хозяйство. Пг. , 1914; Каценеленбаум З. С. Коммерческие банки и их торгово - комиссионные операции. М. , 1912; его же. Деньги и банковское дело в России. СПб. , 1914; Левин И. И. Банки и экспорт. СПб. , 1913; его же. Промышленный кредит // Вестник Европы. 1915. № 5; его же. Акционерные коммерческие банки в России. Т. 1. Пг. , 1917; . Мукосеев В. А. Русский денежный рынок. СПб. , 1914; Русские биржевые ценности. 1914—1915 / Под ред. М. И. Боголепова с участием В. А. Мукосеева и В. С. Зива. Пг. , 1915; Эпштейн Е. Эмиссионные и кредитные банки в новейшей эволюции народного хозяйства. СПб. , 1913; его же. Русские коммерческие банки. Париж, 1925; и др.

但是，19 世纪到 20 世纪初的相关著述，对金融分析的深度挖掘远远不够，其中作者最常用的研究方法只是描述性的，即使是分析性论述，也没有超出专家给出的既定评价。在这种情况下，有时甄别和评论某位专家学术权威的问题就显得异常复杂。关于财经问题的大辩论一直带有强烈的政论倾向，因为它总是关乎对国家时局和命运的思考。因此，许多革命前的著作在今天只能充当一般性史料和所处时代政治经济学思潮的佐证。[1]

20 世纪初，著名金融记者和银行家 И. П. 马努斯就上述问题写道："现在，我们几乎每个人都在阐述有关金融方面的问题。最为可笑的是，经常有人在描述这些问题时充满了自信……这些人不知是在极力阐述自己的建议还是命令，在自己整个人生中不以个人劳动为生为荣，而是作为一个金融实践家，或是借助商业技巧谋生，哪怕他对金融事务完全不了解，一窍不通，却仍然大胆地妄加评论。"[2]

某些经济类专著将革命前银行普通业务作为研究对象，但始终是断断续续、片段式地介入这一问题，这种情况是由 19 世纪下半

---

[1] Об этом см. историографические обзоры в: Гиндин И. Ф. Русские коммерческие банки. М., 1948. С. 16—30; Бовыкин В. И. Россия накануне великих свершений: К изучению социально – экономических предпосылок Великой Октябрьской социалистической революции. М., 1988. С. 78 – 79.

[2] Манус И. П. Политические, экономические и финансовые вопросы последнего времени. СПб., 1905. С. II. 在 19 世纪和 20 世纪，还经常听到这样的奇谈怪论："大改革前俄国的信贷机构完全适应俄国国家体制特点，没有任何必要清理旧的信贷机构。前任财政大臣 Е. Ф. 康克林甚至坚持认为，私营银行几乎是有害的，国有银行理应只为工业部门提供金融服务，但完全不应该这样人为地推动它向前发展。"（Печерин Я. И. Исторический обзор правительственных, общественных и частных кредитных установлений в России. СПб., 1904. С. 127. ）

期至 20 世纪初的经济理论决定的。按照当时的经济理论，促进工
商业发展才是银行的首要功能。①这意味着银行向国家经济建设发
放足够规模贷款是十分必要的，因为信贷被视为银行最重要的功
能。令研究者感兴趣的是，个别银行的这一重要功能究竟发挥到什
么程度。因此，革命前经济类文献首要研究的就是银行信贷业务发
展水平问题。

但是，当时在研究银行普通业务时，经济学界并没有以深入挖
掘统计数据为必要前提。因此，只有极少量著作运用了财务统计
学，但其作者并没有提出关于他们分析的统计数据特点这一问题。

19 世纪下半期至 20 世纪初，仅有少数几篇关于股份银行财
务统计方面的简讯保存下来。通常，这些财经简讯的编辑都是统
计学工作者，他们亲自参加了银行财务报表的加工整理工作。就
体裁讲，这些资料既是统计数据出版物的序言部分，②又是股份商
业银行代表大会委员会的决算报告和信息资料，③并以讲义提纲形

---

① Об этом см. , напр.: Бунге Н. О кредите и банках // Полицейское
право. Вып. 4. 1873；Кауфман И. И. Кредит, банки и денежное
обращение. СПб. , 1873；Гурьев А. Записка о промышленных банках. СПб. ,
1900；Батюшков Д. Д. Банки: Их значение, операции, историческое
развитие и счетоводство: Пособие для изучающих деятельность кредитных
учреждений. Владикавказ, 1904；Эпштейн Е. М. Банковское дело:
Лекции. 1913；Дмитриев - Мамонов В. А. , Евзлин З. П. Теория и практика
коммерческого банка. Пг. , 1916；и др.

② Кауфман И. И. Предисловие к публикации: Статистика русских банков. Ч,
1 // Статистический временник Российской империи. Сер. II. Вып. 9. СПб. ,
1872.

③ 《1873 年第一届股份商业银行代表大会总结报告》，圣彼得堡，1875；《1916
年 6 月 9～11 日第三届股份商业银行代表大会成果总结报告》，彼得格勒，
1916；《1916 年 7 月 1 日到 1918 年 1 月 1 日股份商业银行及其分支机构代
表大会活动概述》，彼得格勒，1918。

式出版。①这些专家的评论主要涉及银行财务统计数据的收集整理方法，以及对这些数据产生的问题做出的分析。正是由于这一点，这些数据的刊登对于历史学家，尤其是从事银行财务报表研究工作的历史学家而言具有特殊意义。但是，当代史学研究者对此实际上并未察觉，也没有予以应有的重视。

革命前的财经金融文献主要沿两条脉络运用财务统计数据研究个别银行业务发展水平及特点，这两条脉络主题方向彼此十分贴近。第一，银行个别业务的结构及动态得到研究，首先就是贴现贷款业务。关于这方面的内容最丰富的著作就是卡策内林鲍姆的《商业银行及其商贸代理业务》（莫斯科，1912）。第二，银行业务总量，或者说银行的业务模式得到研究。相对第一种情况而言，第二个研究方向又提高了一个层次，概括和总结了银行个别业务研究经验。早在19世纪80年代，这一研究方向的先驱者，如 Л. А. 拉法洛维奇，就曾根据许多统计数据的季节性波动情况，试图捕捉到重要港口城市银行业务的经营特点。②

19世纪90年代，俄国开始出现关于银行类型的个别论断。当时的金融学界和新闻媒体就国家银行改革及货币改革展开了大辩论，这场辩论有力地推动了关于银行类型学探讨性的研究。当时的股份商业银行体系被视为一种制度，人们应该像研究一项正确的国家政策那样去看待这个问题。按当时分析家们的意见，正确的金融政策是杜绝19世纪90年代初圣彼得堡银行参与交易所投机交易、

---

①　Калачев Б А. Банковская статистика: Конспект лекций, читанных на ст. курсах М. В. Д. в 1909—1910 учебном году. СПб. , 1910.

②　Рафалович Л. А. Акционерные коммерческие банки в России в 1886 году: Статистический этюд. СПб. , 1887.

操纵信用卢布汇率而稍晚些时候又投机交易工业股票和银行股票的行为。一般认为，银行资金必须投到"正当的"业务上（经济性投资），资金能够投向工业生产周转和基本建设，即票据贴现业务和贷款业务。

　　在提出极其简单的研究任务后，人们表达了这样的观点：当时通行的刊物作者证明了俄国银行或是它们组建的独立银团的经营活动带有进步或寄生的性质。[①] 人们掌握了关于银行首先是圣彼得堡银行具有投机性的大量证据。除了其他信息资料以外，还可以通过财务统计数据获得这些证据。单凭这些数据可以看出，与莫斯科银行的信贷业务相比，票据贴现成为19、20世纪之交圣彼得堡银行的主营信贷业务，但其在19世纪90年代的圣彼得堡银行资产业务中仅占相当小的比例，不过圣彼得堡银行有价证券业务整体水平却相当发达，而莫斯科银行在这方面却表现平平。圣彼得堡和莫斯科的银行如同反光镜般的资产负债表只能从财务统计综合资料中获取。需要解释和说明的是，银行业务会有如此区域性划分的背后隐含着什么内容？这一问题在革命前并没有完全解决，它甚至没有被列入俄国银行史研究亟待解决的最重要问题之列。但是，反光镜般的资产负债表中的一些组成要素体现了圣彼得堡银行的经营特点，成为20世纪20年代与金融资本问题相关的重点研究对象。这些业务密切关系到通过成立发行辛迪加实现工业融资的问题。发行辛迪

---

① 　Напр. , см. : Залшупин А. С. Вопросы банковской политики: К реформе денежного обращения. СПб. , 1896; Брандт Б. Ф. Торгово - промышленные кризисы в Западной Европе и в России (1900—1902 гг. ). Ч. 2. СПб. , 1904; Жуковский Ю. Г. Деньги и банки. СПб. , 1906. Глава XIII. Банки в России; и др.

加的财务制度采用标准的会计分录（记账凭单）格式，继而在财务报表里确定下来。

总之，尽管革命前已经开始着手研究银行普通业务，关于这一主题的研究工作已经启动，但与其说是提出任务，不如说是要完成任务。造成这个事实的原因是，处于初始形成阶段的银行史研究对象极其含混不清，研究不够详细深入，研究过程也不够完备彻底，革命前银行史方面的研究者切身体会到了这个动态的发展变化过程具有的复杂性。

## 二　20世纪

20世纪20年代，金融资本成为银行史研究领域全新的目标，是占据主要地位的研究对象。革命前的历史时期提出金融资本问题只能止于表面，由于无法真正地获取银行内部文件资料，其导致的后果是只能抽象地解决问题。金融资本是否被俄国银行神化了？对于国家而言它是善的力量还是恶势力的化身？[1]对此，在20年代关于金融资本的大辩论时期，对银行史研究提出了两个具体问题：第一，外资对俄国银行经营活动的影响；第二，银行与工业的相互关系。

相关历史文献曾详加分析这一时期大辩论的内容，特别指出此次大辩论的开展明显地存在援引原始档案不足这一问题，辩论仅仅局限于公开出版的史料。[2]大辩论最初的意图之一就是根据银行档

---

① Об этом см. историографический обзор в: Гиндин И. Ф. Указ. соч. С. 16—30.

② Об этом см.: Тарновский К. Н. Советская историография российского империализма. М., 1964. С. 22; Бовыкин В. И. Зарождение финансового капитала в России. М., 1967. С. 12—15.

案资料拓宽辩论主题，这也是 И. Ф. 根金采取的一个举措。根金的功绩在于，在苏联历史编纂学中，他最先取得了有关革命前俄国银行研究的重大成果。通过研究俄国银行体系发展演变史及银行垄断，根金大胆地揭示出以下两点：第一，应该从俄国社会内部而不是外部的资本主义国家去寻找金融资本的根源；第二，早在19世纪90年代就已经呈现出银行资本与工业资本融合的趋势。①

这样，鉴于新研究对象具有的性质，我们开始重新定位历史学科研究方向，学术研究视野开始逐渐从公开刊出的资料转向原始档案，改变了探寻的方向。不仅如此，在新的社会历史条件下，对银行普通业务的研究也找到了自己的用武之地。根金系统性地研究了作为金融资本形成历史背景的银行普通业务。根金在《1914年前的俄国银行与工业》《俄国商业银行》两部专著里，通过对银行普通业务的分析，最终得出结论：俄国银行体系处于较高发展水平。

根金一生致力于股份商业银行这一专题研究，付出的精力和取得的成就都凝聚在他的《俄国商业银行》这部专著里，这是他的一部重要著作，完全能够代表并体现他的学术风格和治学态度，而且在之后很长的时期内，一直是该研究领域最杰出的一部专著。根金对商业银行做出了全面深入的分析，无论是在学术造诣方面，还是在他最大化地运用了先前近半个世纪的金融财政及银行发展演变史研究的宝贵经验方面，都展示出本人超高的研究水平，堪称一位学术巨匠。总体而言，根金的学术成果，尤其是《俄国商业银

---

① Об этом см. историографические обзоры в: Тарновский К. Н. Указ. соч. С. 81—82; 91—94; Бовыкин В. И. Зарождение финансового капитала⋯С. 30—31.

行》，大大地拓宽了前人阐述的学术思想和研究方法，因为他认为，无论是凭借个人的深入研究还是直接借用革命前历史编纂学的既得成果，在自己的工作中，都要力求最大限度地全面覆盖所要面临的金融信贷问题。

作为历史编纂学的一个新生事物，根金开展的银行史研究恰逢革命前同苏联早期的历史编纂学对接时期。由于 19 世纪末 20 世纪初这个时期具有的金融史观综合性特点，苏联早期强硬的学术观念在根金的学术专著里有所弱化。

俄国历史编纂学对根金在银行统计数据加工和系统化方面所做的工作和付出的努力始终给予高度评价。①但是，在无法逾越统计数据研究水平的情况下，根金在著作里十分有限地提出要从史料学角度去评价银行统计数据，这一点符合其所处时代的史料学发展水平。根据包括俄国银行部门在内的所有信贷机构统计数据，根金编制成了综合统计数据表，内含 1875～1914 年俄国信贷体系发展的重要指标。今天，我们要从史料学角度对这份文献资料进行研究，如同研究一个以这份史料为基础的综合性问题一样。根金填补数据使用空白的这种科研方法需要特别解释一下。后来的研究者没有格外关注根金运用的统计数据的特点，其中原因是根金完全按照另一种研究方法对这一领域进行了史料学方向上的探寻。

根金不仅尝试利用信贷机构财务统计数据描述和说明银行体系

---

① О работах И. Ф. Гиндина см.: Тарновский К. Н. Указ. соч.; Бовы-кин В. И. Зарождение финансового капитала …; Бовыкин В. И., Наумова Г. Р. Источники по истории монополий и финансового капитала // Массовые источники по социально – экономической истории России периода капитализма. М., 1979. С. 157.

整体发展水平，而且将其用于自己专著的主要研究对象，即金融资本，具体来说，就是用于研究银行和工业的相互关系问题。

根金知道，财务统计数据并不包含有关银行与哪一个经济领域打交道的信息。根金认为这一信息较为隐秘，于是开始探寻获取这些信息的方法。为此，根金努力将公开发表的财务统计数据同单个银行内部会计凭证做对比，以便弄清楚工业企业的贷款融资录在资产负债表的哪些科目上。根金就这一研究方向做了大量工作。

但是，即便如此，根金到最后还是没有成功地凭借这些统计数据，单一地揭示工业贷款以及工业融资问题。根金著作里的统计数据并没有超出和其研究主题相关的间接文献资料的范围，也就是那些大概的揭示和表明银行业务发展规模特点的文献资料。在一定条件下，通过开展这些业务就能够实现对工业的贷款和对工业企业的融资。根金在自己的著作中对财务统计数据的成功运用涉及传统问题，为研究这些问题，他使用了银行业务组织和动态方面的统计数据。

在《俄国商业银行》附件里，在阐述了方法论后，根金试图概括和总结自己使用统计数据的经验，认为运用方法论就可以根据统计数据间接地评价银行与国民经济各部门联系的程度。

值得强调的是，鉴于"根金的方法论"这个概念，我们需要详尽研究两个不完全相符的现象：第一，直接的方法，这成为他从事数据统计研究的基础；第二，根金对银行统计数据研究原则的定义可参见《俄国商业银行》（第 385 页第 5 条）。

按照我们的观点，方法论的现实性就在于根金采用传统方法，运用统计数据研究俄国信贷金融体系、银行部门、各种类型银行以及这些银行个别业务发展演变的总体趋势。根据描述性的文献资料，无论是档案文献还是革命前刊出的资料，根金都得出了所有涉及银行业务活动的行业部门发展的趋势与特点，包括银行同工业相互关系的结论。尽管根金在《俄国商业银行》一书中做了具体实际的统计数据分析，但是其研究并没有超出对银行业务结构及发展趋势的分析范围。尽管如此，根金分析的深刻性和翔实度以及善于灵活驾驭描述性文献资料用以诠释结果相结合，在这方面，时至今日仍然是历史编纂学一个无法超越的高度。

先验方法论告诉我们，应该在哪一种资产负债表账户科目中寻找个别种类银行的经营活动，诸如工业融资、贸易周转与工业贷款等。为解释这一点，我们将按照这一方法对某些业务项分组：（1）能够说明工业融资问题的非担保有价证券抵押贷款（定期的和透支的，同业往来账户）；（2）工业贷款，它通过以下科目——票据贴现、非担保有价证券抵押的无期贷款、票据和商品抵押的同业往来账户贷款计账；（3）票据贴现形式和票据与商品抵押贷款（定期的和透支的）形式的商业流通贷款。应该注意到的是，这三类科目账面上，两次"遇到"非担保有价证券抵押的无期贷款，两次"遇到"票据贴现。

因此，毫无疑问，根金诠释的科研方法总结了革命前银行实务丰富的实践知识以及档案整理工作经验，但他无法使用这一方法从事具体的数据统计工作。这一方法主要的缺点是，他按照资产负债表不同科目研究工业贷款，同时和商业流通贷款混在一起，并且无法将这两类贷款具体地区分开。有价证券的情形也是如此复杂。我们并非一直拥有能够区分政府担保的有价证券和非担保有价证券的数据信息，对于大多数莫斯科和外省银行而言，这一点都十分典型。而且，我们完全缺少有关工业股票在整个非担保有价证券中所占比例的信息，众所周知，非担保有价证券中占据绝大多数的是城市债券和土地银行的土地抵押债券，也就是说，都是与工业没有任何关系的有价证券类。

根金阐释的科研方法的不适用性和无能为力可以通过以下几点证明：在接下来的历史编纂学中，这一科研方法要么在史料学和方法论著作里得到阐述，[1]要么被用于证明使用财务统计从事历史研究的无效性。这是因为，在试图采用这一方法去增强科研力量时，一切才明确下来，比起科研方法提出的财务统计数据，我们实际上只能同不是很翔实的史料文献打交道。[2]在根金自己的著作里难以寻觅到使用这些财务统计数据的痕迹。

因此，如果根金理想的科研方法在许多方面是由早在革命前俄国的社会现实决定的，而且这种社会现实与个别银行业务发展水平及特点的研究息息相关，那么，根金诠释的科研方法试图将财务统计数据适用于银行与工业关系的研究将徒劳无益。

接下来的 20 世纪 50～60 年代，作为银行史学基本研究对象的金融资本得到进一步研究。但是，此前伴随金融资本这一研究对象的俄国银行体系发展水平问题，从银行资本同工业资本融合程度这个角度已经得到解决，并且，究其实质，在根金的著作里也得到深入的挖掘和阐释。根据革命前信贷机构统计，根金对商业银行普通业务的研究为后人奠定了良好的学科基础，50～60 年

---

① Шепелев Л. Е. Архивные фонды акционерных коммерческих банков // Проблемы источниковедения. М. , 1959. Т. VU. C. 94—95.

② Бовыкин В. И. О взаимоотношениях российских банков с промышленностью до середины 90 - х годов XIX века // Социально - экономическое развитие России. М. , 1986. C. 195.

代，根据档案文献研究银行与工业融合关系的具体史实即以此为基础。

20世纪50～60年代，学者们主要通过历史档案挖掘银行演变史的文献资料，因为只有银行和工业企业的内部文献资料才能为民族银行资本和外国银行资本同工业融合过程的研究带来一线希望。

在新的阶段，银行历史编纂学主要集中研究一战前俄国工业增长及一战时期的银行发展形势。对金融工业集团演变史、战争年代和十月革命前俄国金融形势、金融寡头和权利关系等方面的研究取得了巨大成就。①

史学家从事的银行内部文献资料挖掘工作要求深入研究这些信贷机构的公文处理活动以及潜在职能发挥的原则。第一部关于股份商业银行档案库文献资料系统化整理研究的著作是Л. Е. 舍佩列夫于1959年出版的独立专著。这部专著奠定了银行公文文牍处理研究的基础，其中银行财务报表研究原则得到简单明确的表述。书中对银行经营鼎盛时期产生的文献资料包括财务报表等系统性地进行了分析，揭示了财务报表格式和内容演变的基本阶段。

本书重点关注的是，舍佩列夫的研究不仅是对银行档案而且是对整套刊出的财务统计数据史料学的重要贡献，因为这些史料首次详尽披露了银行内部文牍处理内容以及一行行、一串串数字与编制

---

① См. историографические обзоры в: Сидоров А. Л. Некоторые проблемы развития российского капитализма в советской исторической науке // Вопросы истории. 1961. № 12. С. 54—57; Тарновский К. Н. Указ. соч. 152—155; Бовыкин В. И. Зарождение финансового капитала…С. 40—42.

财务报表的关系。

因此，20世纪50年代，苏联史学家将银行视为金融资本制度的一部分，在马克思、列宁政治经济学占统治地位的历史时期，这一领域出现其他研究对象几乎不可能，也只能以最大众的常规形式关注银行普通业务。正是在该范式的框架内，根金在40年代末大浪淘沙式地挖掘和研究了这些文献资料。其结果是银行普通业务从50年代起再也没有得到研究。

70年代下半期到80年代，尽管银行史方面的研究新成果不断推出，但是研究空间的自然界限已经凸显出来，这种界限是由金融资本问题的研究范围决定的。只是由于传统问题在研究和关注较少的历史时期反而得到扩展，因而银行史的研究领域得以拓宽，①开始较为详尽深入地涉及个别银行以及金融工业集团问题，②包括银行各种经营活动③以及俄国区域金融资本问题研

---

① Бовыкин В. И. О взаимоотношениях российских банков с промышленностью⋯

② Лебедев С. К. Иностранный капитал и Петербургский Международный коммерческий банк в 80 – х — начале 90 – х гг. XIX в. Автореф. дисс⋯ канд. ист. наук. Л., 1983; Петров Ю. А. Картельное соглашение российских банков // Вопросы истории. 1986. № 6; его же. Первый банковский крах // Былое. 1992. № 1; Калмыков С. В. Русско – Азиатский банк и образование монополий на основе холдинг – компаний накануне и в годы Первой мировой войны. Автореф. дисс⋯канд. ист. наук. М., 1993.

③ Ананьич Б. В., Лебедев С. К. Участие банков в выпуске облигаций российских железнодорожных обществ (1860—1914) // Монополии и экономическая политика царизма. Л., 1987; Лебедев С. К. Петербургский Международный коммерческий банк в консорциуме по выпуску частных железнодорожных займов 1880 – х — начале 1890 – х гг. // Там же; его же. Петербургский Международный банк и русские конверсии (1880 – е – начало 1890 – х гг.). Л., 1985. Деп. в ИНИОН АН СССР. 21 июля 1985 г., N° 22166; его же. Государственный заем 1891 г. и международные банковские группы. Л., 1986. Деп. в ИНИНОН 6 фев. 1986 г. № 24051.

究。①这时期还出版了许多关于商业银行史研究成果的学术专著。②

从 70 年代开始，银行史史料学一度走上了挖掘得以保存下来的能够提供分析金融资本相关问题的文献史料的研究之路。B. И. 鲍维金的专著就属于这一研究领域。1979 年，继根金之后，鲍维金首次尝试系统性地研究商业银行财务统计问题。③

发现保存下来的银行档案资料十分有限的情况后，鲍维金提出了依靠普通文献资料扩充银行史研究史料库的任务。在自己这部专

---

① Фридман Ц. Л. Банки и кредит в дореволюционном Казахстане（1900—1914 гг.）. Алма – Ата，1974；Рабинович Г. Х. Крупная буржуазия и монополистический капитал в экономике Сибири конца XIX — начала XX в. Томск，1975；Машин М. Д. Русские и иностранные акционерные и банковские капиталы в промышленности Южного Урала // Социально – экономическое развитие Южного Урала и Зауралья в XIX и начале XX в. Вып. 10. Челябинск，1976；Торпан Н И. Монополистический капитал в промышленности Эстонии（90 – е годы XIX в. — 1917 г.）. Таллин，1984；Вексельман М. И. Российский монополистический и иностранный капитал в Средней Азии（конец XIX — начало XX в.）. Ташкент，1984；Петров Ю. А. Роль акционерных коммерческих банков Москвы в процессах формирования финансового капитала в России. Конец XIX в — 1914 г. Автореф. дисс···канд. ист. наук. М.，1986；и др.

② Напр.，см.：Бовыкин В. И. Формирование финансового капитала в России. Конец XIX — 1908 г. М.，1984；его же. Россия накануне великих свершений：К изучению социально – экономических предпосылок Великой Октябрьской социалистической революции.

③ Бовыкин В. И.，Наумова Г. Р. Источники по истории монополий и финансового капитала. В. И. 鲍维金亲自撰写该书有关银行的章节。正是从金融资本这一研究任务的立场出发，鲍维金论证了关注银行财务报表，继而关注财务统计的必要性："传到我们手里的俄国商业银行文牍处理综合文献具有的片段性决定了我们通过研究其具体现象，根本无法再现银行同工业融合过程的完整图景。鉴于此，在诸多关于银行方面的史料当中，编制的不是单一的银行经营史实，而是关于银行经营活动汇总的文献资料。这类文献首先就是财务报表，具有特殊重要的意义。"（Бовыкин В. И.，Наумова Г. Р，Указ. соч. С. 151. ）

著里，鲍维金首先揭示了财务统计综合资料的主要部分，全面深入地研究了财务统计演变史，确立了统计工作的层次和体系。尤其是他在书中首次提出了银行年度会计决算报告，这些报告要么以手册形式单独出版，要么部分地刊登在《金融工商时报》附录里。其次，他首次对股份商业银行代表大会委员会的统计出版活动做了系统性描述，介绍了一些最重要的统计资料以及这些文献资料刊登的次序及基本内容。

鲍维金还尝试着将银行财务统计数据植入银行史的传统研究对象中。在自己的专著里，鲍维金将统计数据视为银行普通业务数据的来源。对该数据信息源的挖掘必须与对因有关档案资料保存不力而留下支离破碎的资料信息的弥补工作结合起来，这些档案资料能够说明工业贷款和工业融资①的个别预案。

1986 年，鲍维金发表了《19 世纪 90 年代中期以前俄国银行与工业关系》。这篇学术文章恰恰是银行财务报表得到上述运用的一个鲜明例证。该文章研究的历史阶段和时期实际上并没有保存相应的档案文献资料。文章基于历史档案以及财务统计片段资料对银行史问题展开的综合性研究，为我们提供了重大研究成果。但是，鲍维金将财务统计归于次要地位，他认为财务统计并不起主要作用。作者在绪论中以怀疑口吻评价了财务统计资料运用于史学研究的前景，他的论据就是财务统计资料并不包含银行与工业二者相互关系的信息。②

今天，关于银行史的传统问题已经得到详尽的研究。另外，由

---

① Бовыкин В. И.，Наумова Г. Р. Указ. соч. С. 155.
② Бовыкин В. И. О взаимоотношениях российских банков с промышленностью... С. 195.

于 20 世纪 90 年代俄罗斯国内金融信贷体系巨变以及回顾相关历史经验的必要性，新的国情和社会现实对史学家提出了崭新的课题。今天历史编纂学担负的重任是寻求新的银行史研究对象。这一目标主要循着银行史和企业史研究的对接面展开。①当代俄罗斯取得了银行传统问题概括性研究的丰硕成果。②

　　总之，从根金的专著开始，股份商业银行财务统计这个庞大的统计资料集合已为银行史研究领域的每一位专家所熟知。这些专家都在试图运用这些珍贵的史料来研究金融资本，或者更具体地说，研究银行和工业的关系问题，但是财务统计中关于这方面的信息存在缺失。因此，作为史料一个来源的财务统计资料与占统治地位的历史编纂学研究传统存在严重的矛盾与冲突。

---

① Напр. ，см. ：Бовыкин В. И. ，Петров Ю. А. Коммерческие банки Российской
империи. М. ，1994；Петров Ю. А. Коммерческие банки Москвы. Конец XIX
в. — 1914 г. М. ，1998；Предпринимательство и городская культура в России，
1861 — 1914. ／Под ред. У. Брумфилда，Б Ананьича，Ю. Петрова. М. ，2002.

② Напр. ，см. ：Бовыкин В. И. Финансовый капитал в России накануне Первой
мировой войны. М. ，2001；Петербург：История банков／Б. В. Ананьич，С. Г.
Беляев，З. В. Дмитриева，С. К. Лебедев，П. В. Лизунов，В. В. Морозан. СПб. ，
2001；Лебедев С. К. С. – Петербургский Международный коммерческий банк во
второй половине XIX века：европейские и русские связи. М. ，2003.

# 第二章
# 俄国商业银行公开财务报表

革命前银行财务统计的研究应该从第一手资料即银行财务报表开始。财务报表由于是公开刊出,因此通常被称为公开的财务报表。报表披露的信息还要提交给财政部特别信贷办公厅以及地方财政厅。这是国家对银行经营活动实施监管的一种实践方法,同时也是银行业务信息对外公开的一种形式。

## 一 公开财务报表立法基础

银行公开财务报表制度的建立受到许多因素影响,其中公司法、税法以及银行法等法令法规的颁布施行具有决定意义。同时,财政部、俄国国家银行实行的旨在将银行公文处理划归统一的政策也很重要。

鉴于这一点,揭示商业银行财务报表的立法基础是为确立综合性史料研究范围迈出的第一步。

俄国公司法和税法只对股份公司以及股份商业银行的实收资本表和利润表严加规定。这一实践活动与俄国当时实行的税收制度有关，准确地说，与资本利税关系密切。

1836 年 12 月 6 日核准的《股份公司法》将实收资本表和利润表以立法形式规定下来。①作为股份公司中的一个分类，股份银行理应编制财务报表并提交全体股东大会，内含拥有完整信息的五大主项科目：（1）固定资本；（2）年度决算期内总收支；（3）管理费用明细表；（4）纯利润；（5）储备资本。②

资本税实际上包括每一年购买一等工商营业执照的缴纳金。《商法》规定，银行属于商业部门。营业执照上注册资金的规定取决于银行固定资本规模。

1885 年 1 月 15 日出台的《直接税法》规定：向包括股份制企业在内的大型工商企业征收附加税，税额相当于净利润的 3%。③根据这部法律，各企业应向地方财政厅上交年度财务报表，之后，部分报表在《金融工商时报》上刊登。财务报表公开的部分应该包含企业总资产负债表和年度财务报表摘要，具体包含以下信息：（1）固定资本、储备资本、准备金以及其他各项资本；（2）财务决算年度损益表；（3）纯利润分配，指明每股已发或预发红利的比例数额。④

《直接税法》阐述了纯利润课税的计算方法。银行纯利润是指按照年度财务报表计算得出的年总收入和同一财政年度总扣款的差额。总扣款包括银行债务利息支付；高级营销经理、委员会委员酬金的支付（每人每年不超出 1 万卢布，总额不超出固定资本的

---

① 《帝俄法律大全》第 10 卷，第一部分，第 2139～2198 页。
② Там же. Ст. 2186.
③ 从 1893 年开始，附加税税率为 5%，而从 1906 年开始，附加税被利润累进所税替代，累进税税率以 3% 为起点。
④ 《帝俄法律大全》第 5 卷，第 471、473 页。

3%）；职员工资的支付；代售佣金、交通运输、办公、诉讼等各项费用开支；楼房租用费；市政开支；固定资产维护费；不良债务清偿；保险费用开支，包括职员的保险费；纳税，但不包括利润利息费。[1]结算后，净利润可用于红利发放、储备资本、领导层和普通职员的补充奖金分配，还可用于其他目的。因此，《直接税法》这一项目大体描述了损益表的格式，几乎所有股份公司财务报表都列入了损益表一栏。

但是，比起这一切可以从公司法和税法推断出来的情况，银行财务报表是更加复杂的一种现象。

银行财务报表可以划分为年度报表和月度报表两大类。

每一年，银行都会针对年度股东大会编制并刊登财务报表。完整形式的财务报表是一种手册，由印刷厂印制而成，里面包含三类报表：业务发生额报表、损益表、截至会计年度 12 月 31 日期末年资产负债表。财务报表中还刊登出银行有价证券总存量中的股票一览表。

银行月财务报表即资产负债表只是一种凭证。公开月资产负债表的银行实践是俄国借用法国银行公文文牍处理形式和方法的结果。[2]

## 二 银行财务报表公开制度

最初，各家银行章程对两种财务报表（年度报表和月度报表）以及它们依法公告问题都有所提及并做了说明。财务报表公开制度

---

[1]　Там же. Ст. 470.

[2]　Первый съезд представителей акционерных банков коммерческого кредита 1873 г. Отчет. СПб. , 1875. С. 15.

的建立与 19 世纪 60 年代俄国第一批商业银行诞生浪潮几乎同步发生。

但是，银行章程规定只对完成版财务报表的执行顺序做出调整，并不涉及其编制的格式和具体内容。银行章程规定，财务报表提交给各位股东以便其了解银行经营状况，邮寄给财政部并在一定期刊里刊出。例如，亚速 – 顿河商业银行示范性章程（根据 1872 年 5 月 31 日法律）规定："根据董事会年度决算报告以及银行委员会商讨的意见，应该至少在指定的全体股东大会召开之前两周内印制完成并于董事会上分发给各位股东，特别是对银行经营极其感兴趣的那些股东，之后连同股东大会会议记录一式四份呈递给财政大臣。年度决算报告在《政府通报》、莫斯科及地区财务报表里刊出。"①

关于月财务报表，章程里写道："……银行董事会有义务在规定的报纸上刊登银行及其分支机构全部业务每月账户科目信息。"银行章程条文的注释规定，"银行全部业务的月资产负债表应该一式两份提交给财政部指定的政府出版单位编辑部"。

银行在哪些定期出版物上刊登其章程中内含的财务报表呢？这方面信息最常见于《政府通报》。②通常，圣彼得堡银行章程在补充

---

① Собрание узаконений и распоряжений правительства, издаваемое при Правительствующем Сенате. 1871 г. Первое полугодие. СПб., 1871. № 59. Ст. 594. 1872 年前成立的银行其章程规定，例如，莫斯科商人银行具有如下不同之处：年度报告在新旧首都《政府通报》上刊出。不管这种情况如何，银行全部业务账务情况按月刊登在新旧首都的《政府通报》上。（即资产负债表— С. С）（《莫斯科商人银行章程》，莫斯科，1887，第 28 ~ 29 页）

② 1865 年前商业银行章程刊登在《圣彼得参政院通报》上，从 1865 年开始在《政府法令汇编》（政府参政院出版）中刊出。根据银行成立日期，银行章程将被安排在相应时间出版的《政府通报》上刊出。

书里明文规定，指定圣彼得堡和莫斯科各有一家报社负责刊登银行财务报表。最常见的就是《消息报》。莫斯科银行章程在《莫斯科报》以及莫斯科其他报纸上刊出，各外省银行章程则在一家首都报纸和一家地方报纸上分别刊登。

但是受法律规定的影响，银行年财务报表和月财务报表是两种各不相同的刊登物。

1872 年 5 月 31 日通过的《关于私营信贷机构创建制度的问题》① 规定，月财务报表有必要刊登在地方报刊上，一如过去那样，不仅如此，还要集中管理，刊登在财政部定期出版物《财政部政府命令索引》上。从 1883 年开始，该索引按照新大纲出版，并更名为《财政部政府命令索引·金融工商时报》。1885 年，银行资产负债表被列入单独附件《私营信贷机构资产负债表》，其中刊登了大部分银行的月资产负债表，一些不能完全解释清楚的资产负债表除外，并且，有些空白模糊之处基本属于 1887～1894 年这一时期。例如，19 世纪 80 年代《金融工商时报》里的华沙商业银行月资产负债表刊登于 1886 年 10 月，然后直接刊登了 1892 年 2 月 1 日资产负债表，之后，从 1894 年 7 月才重新恢复资产负债表的定期刊登工作。莫斯科贴现银行的资产负债表出现了同样情形，1887～1893 年一直没有刊出资产负债表。《金融工商时报》周刊里缺少科斯特罗马商业银行 1894 年、普斯科夫商业银行 1885 年到 1894 年上半年的数据信息。法国里昂信贷银行驻俄国代理处的经营资产负债表仅从 1894 年 7 月才开始刊登在这家期刊上，可是其作为一家

---

① Собрание узаконений и распоряжений правительства … 1872. 1 – е полугодие. № 51. Ст. 451.

外资银行在俄国运营从 1879 年就已经开始。克列缅丘格商业银行的资产负债表定期刊登到 1884 年，之后 1894 年开始断断续续地刊出了相关信息。

但是，除上述时间空白点外（这部书的附件里还记载了一些其他的不是很重要的资产负债表空缺信息），从 1872 年开始一直到俄国末期，商业银行月资产负债表集中刊登在《金融工商时报》附件里。正是根据这一刊出信息，我们可以判断银行月资产负债表的格式和内容，这些资料全部都邮寄到财政部特别信贷办公厅，但是该部门的数据库并没有保存下来。

在早期的 1864～1873 年，银行月资产负债表刊登在俄国中央统计委员会出版的《帝俄统计期刊》里。①资产负债表是 И. И. 卡乌夫曼《俄国银行统计》一书的有机构成部分。他加工整理了 1864～1873 年这一时期的经常性财务统计数据。他在自己这部著作里运用了他从各种定期出版物中搜集复制到的月资产负债表。他只是稍加处理了这些数据，既没有扩大补充一些科目，也没有对这些数据进行重新分组。

与月资产负债表情况相反的是，年度银行财务报表保存得不是很好。银行完整的年度财务报表只以手册的形式单独出版，其发行量大概与银行股东人数，也就是参加每一年股东大会的股东人数相当。② 财务报表手册一般保存在大型现代化的图书

---

① Статистический временник Российской империи. Сер. II. Вып. 11. Статистика русских банков. Ч. 2. СПб. , 1875.

② Бовыкин В. И. , Наумова Г. Р. Источники по истории монополий и финансового капитала // Массовые источники по социально - экономической истории России периода капитализма. М. , 1979. С. 151.

馆及银行档案馆里。财务报表成套资料保存在莫斯科最具代表性的俄罗斯国家图书馆，以及圣彼得堡的俄罗斯国家民族图书馆里。

幸存下来的财务报表中的绝大部分出自莫斯科和圣彼得堡信贷机构。外省银行保存下来的资料很少。保存下来的银行财务报表中，有相当一部分属于19世纪90年代下半期初期。这一时期，相关财务数据空缺的情况只是个别现象，并不是很常见。股份商业银行发展的最初20～30年里，其财务报表极少能够保存下来，特别是整个19世纪80年代，尚未出现一部关于筹备和出版最终统计数据刊物的著作。

从1886年开始，俄国诞生了一个负责出版银行年度财务报表统计数据的新部门，该部门协助相关机构将保存下来的综合财务报表中缺失的部分补充完整。1885年1月15日法律补充条款规定，银行财务报表的摘要部分，即财政年度内12月31日期末资产负债表以及损益表，从1886年开始刊登在《金融工商时报》附录《责任公开企业财务报表公告》里。

# 三　银行实务的实践活动以及财务报表账簿的建立

正如上面指出的，公司法和税法以及银行章程，以最一般形式规定了银行年度财务报表刊登的内容和制度，对月资产负债表同样具有类似功能的是银行章程和列入《信贷法》的1872年5月31日法律。

能够反映纯粹的银行经营特点的财务报表的格式和内容具有一

定特殊性，其形成受到三个因素的影响：银行公文处理传统、银行立法及财政部对商业银行政策的演化。这些因素的形成是有层次和先后之分的，以至于银行立法的发展与财政部政策的推出只是为了能够将银行公文处理和会计簿记的实践活动划一，使其按照同一标准进行。银行财务报表编制建立在银行商业实践活动以及历史发展传统的基础之上。

统一银行财务报表格式标准的前提与将银行视为与商业企业同属一个类别这一点关系密切。无论是银行还是商业企业，其组织机构的共同原则使我们能够想象出与制作财务凭证密切相关的是公文处理各个环节划归统一管理。因此，商业银行公文处理系统发挥职能、作用的原则的确立是我们史料学研究的另一个重要课题。

目前，基于史料学对19世纪银行公文处理系统①研究得出的综合性认识，以及革命前商科类教科书的内容，我们还是有可能评论革命前银行职能发挥原则这样的问题的。在俄国史料学研究中，银行公文处理问题只在19世纪末20世纪初的专项文献里得到研究。②而且，只有20世纪最初十年出版的教科书中包含银行实践的

---

① 俄国历史编纂学就这一领域的研究早已成为学术上的史料学和教学上的史料学不可分割的一部分。см.：Массовые источники по социально－экономической истории России периода капитализма／Отв. ред. И. Д. Ковальченко. М.，1979；Источниковедение истории СССР：Учебник для вузов. М.，1981；Источниковедение：Теория. История. Метод. Источники российской истории：Учеб. пособие ／ И. Н. Данилевский，В. В. Кабанов，О. М. Меду － шевская，М. Ф. Румянцева. М.，1998.

② Бовыкин В. И.，Наумова Г. Р. Источники по истории монополий и финансового капитала. С. 150—151.

现实反映情况。①因此，我们能够很好地认识和了解俄国最后 20
年银行内部职能发挥问题。在较早时期里，几乎没有关于这一问
题的系统性史料学研究著述。我们只能凭借金融文献资料存留的
只言片语对 19 世纪 60～80 年代银行实务的实践活动做出评价。
在这些金融文献资料中寻觅不到可以证明早期和后期商业银行组
织机构和实践操作技术之间存在明显差异的论据及其出处。从 19
世纪 70 年代开始，公开刊登的财务报表簿记没有从根本上改变相
关的间接论据。

　　舍佩列夫对银行实际公文处理的文献资料研究经验和商科类教
科书信息进行了综合处理。②他在自己的著作中详细阐述了银行职
能发挥的原则。但是，其著作中还有许多不详之处，比如，银行是
如何编制对我们今天研究工作极为重要的财务报表的？

　　由会计部门对银行整个经营范围内业务进行核算，正是在这种
情况下需要编制、汇总财务报表。会计部门规定资产负债表科目一
览表，也就是那些列入财务报表的账户科目。会计部门每一天都会
从业务部门获取这些科目的数据信息，业务部门直接负责办理银行
业务。③

---

① Например, см.: Вейденгаммер Ю. Баланс банка и система его
операций. Пг., 1918; Вознесенский Е. П. Счетоводство коммерческих
банков. СПб., 1914; его же. Операции коммерческих банков. СПб., 1914;
Дмитриев – Мамонов В. А, Евзлин З. П. Организация и техника
коммерческого банка. Пг., 1916; они же. Теория и практика коммерческого
банка. Пг., 1916.

② Шепелев Л. Е. Архивные фонды акционерных коммерческих банков //
Проблемы источниковедения. М., 1959. Т. VII. С. 77—78.

③ Дмитриев – Мамонов В. А., Евзлин З. П. Организация и техника
коммерческого банка. С. 327—329.

每一个业务部门的创建都是为了操作和办理一定种类的有价证券。（1）票据部门，负责国内票据业务；（2）证券部门，负责有价证券业务；（3）牌价部门，办理外国票据、外汇、贵金属等业务；（4）商品部门，办理商品抵押贷款以及商品寄售业务；（5）储贷和往来账户业务部门，办理所有种类的储蓄和往来账户业务。

会计部门每天从各业务部门主管那里获取两类资产负债表科目中每一个科目的信息：（1）每日账面上进出的现金额，即账户的现金流量；（2）每个工作日结束时的账户余额。根据这些数据信息，会计每天要编制第一种情况下的现金流量表和第二种情况下的每日资产负债表。①

账户科目记录在账簿里。银行各业务部门及会计部门实行完整的簿记和报表制度，以便于开展详细全面的业务会计核算工作。但是，只有总会计部门才进行账簿登记，簿记制度是《商法》规定的一项制度，分为日记账、流水账（用于记录非现金业务）、现金账（用于登记现金支付和收取款项）和总账。承认这些账簿具有法律效力是与按照民法及商业公文处理法规合法正确地记录这些会计账簿联系在一起的。在总日记账、现金账和流水账里对经营业务按时间先后顺序记账。然后，按照资产负债表账户科目分组情况，将业务分门别类记入总账科目。

按照资产负债表模板记账，也就是划分为资产和负债两大部分。第一部分"资产"记录银行全部支出；第二部分"负债"记录银行全部收入。每笔业务要登记两次，一笔记在资产的科目上，另一笔记在负债的同一科目上。因此，资产账户的所有科目总额应

---

① Там же. С. 329 – 337.

该等同于负债账户的所有科目总额。

资产负债表是反映银行在某一特定时期（如月末、季末、年末）全部资产、负债及所有者权益情况的会计报表，体现了银行的经营状况。资产负债表具体指银行总簿记中全部资产科目和负债科目的余额表。

资产负债表中，如同其他科目记录一样，资产科目和负债科目要分开记录，形成资产负债表中的资产和负债。资产高于负债时，银行经营结果是盈余，利润部分可转移记入负债项用于平衡负债表；负债高于资产时，高出的差额就会列入资产项目并构成亏损。

银行按天、按月以及按年编制发生额明细表和资产负债表。有别于日资产负债表，填制月资产负债表要求预先展开以下工作流程：核查总账和日记账，将加算利息填入资产负债表。银行应该用这些利息支付储蓄存款利息和现金账户活期利息，但是银行通过特别往来账户（无期贷款）和同业往来账户可以获取利息收入。[1]

年末进行银行分账账簿的汇总和核算，会计部门根据其结果编制年度报表。银行理论与实务认为，根据年度报表应该能够准确地解释银行会计年度内经营管理状况及其带来的结果。[2]这种信息大体包含在资产负债表里，形式如下：（1）期初账户余额；（2）会计年度账户进项；（3）会计年度账户提成；（4）期末账户余额。以伏尔加－卡玛商业银行1896财务年度的报表为例对上述情况做一解释，详见表2－1。

---

① Там же. С. 339.

② Там же. С. 352 – 353.

### 表 2 - 1　往来账户活期存款科目

| | |
|---|---|
| 1896 年 1 月 1 日期初余额 | 4606. 2 万卢布 |
| 进项 | 6. 9587 亿卢布 |
| 支出 | 6. 90828 亿卢布 |
| 1897 年 1 月 1 日期初余额 | 5110. 4 万卢布 |

资料来源：Отчет Волжско - Камского коммерческого банка за 1896 г. СПб. ，1897。

　　这样的明细表称为"本期发生额明细表"。除该报表外，年度报表还包含会计年度内 12 月 31 日期末资产负债表。期末资产负债表填制原则与月资产负债表相似，只是期末资产负债表填制完成是期末结平会计分账的结果。

　　银行年度报表第三个重要组成部分是损益表，其中银行全部收入（利息、盈利、代理佣金等）和全部支出（存款利息支付、管理费用支付等）都记录在册。银行总账上的损益账簿直接确定损益总额，因此，会计部门需要详加核查损益分账，通常编制一些辅助性分账簿，如业务利息账、代理佣金账等，以便完成损益账簿的详细核查工作，根据这些分账的结账情况，一年填制一次损益表。[①]

　　因此，19 世纪下半期到 20 世纪初，俄国银行实务中有三类年度财务报表——发生额明细表、损益表和资产负债表，这些财务报表未来需要公开刊出并报送上级监察机关，同时公布的还有月资产负债表。整个经营时期，每一家银行都要填制全部这些种类的财务

---

[①]　Дмитриев - Мамонов В. А. ，Евзлин З. П. Организация и техника коммерческого банка. С. 338.

报表，但是相关规则是否还存在例外直至今日人们不得而知。

　　根金阐述的银行资产负债表分析原则得到舍佩列夫最清晰、最简练的表述。①资产负债表各项按照同一业务类型进行分组基于两位学者的研究。这种方法论发展了革命前银行类教科书陈述的观点。由于使用了这种财务处理方法，对原本没有直接相似之处的资产负债表做分析和比较有了可能。按照该方法，对资产负债表的主要资产项可以做出如下分组：（1）现金和往来账户；（2）银行自有有价证券和贵金属；（3）贴现业务；（4）同业银行往来代理业务。

　　现金和往来账户包括银行出纳处的现金业务及其他信贷机构的往来账户的现金业务。

　　银行自有有价证券及贵金属包括国家和政府担保的有价证券（国家公债券、铁路公司债券及股票）、非政府担保的有价证券（城市债券、土地银行抵押债券、企业股票）、外币汇票和票据贴现业务。这些普通汇票相当于对居住境外的人员的一道命令，按照外汇票面标出的相应金额支付给票据持有人指定的另一结算人或是出票人指定的某一人。票据金额一般用外币标出，即以承兑国本币标出。关于19世纪外汇汇率业务，有一个较为具体但也常常是头等重要的问题。例如，从圣彼得堡到巴黎的三月期汇票价值多少，而不是卢布对法郎的牌价是多少。外币汇票是国际结算的一种手段，是交易所买卖外汇的一种形式，交易所规定汇票汇率以便于这类票据交易。

　　属于资产负债表这一组账户科目的还有矿业董事会的支付凭

---

① Шепелев Л. Е. Архивные фонды акционерных коммерческих банков. С. 93—95.

单，金锭、银锭以及贵金属货币。支付凭单是一种证明单据，类似于购买黄金的买卖凭证。

接下来，对资产负债表中的信贷业务进行分组，这些信贷业务在革命前银行实务中一般以贴现或贷款形式开展。

贴现是持票人卖给银行未到期的欠债证据。在这种情况下，欠债证据的价格会降低，降低的数额相当于银行购买票据时的加权利息额。属于欠债证据的有票据和贸易契约。普通票据是按照一定规则编制而成的一种借据，内容包括在极其简单情况下一方承诺在确切时间和地点向另一方支付已指明的还款金额。贸易契约是由官方性质的社会团体发放给自己贸易契约当事人的一份凭证，并明确标出社会团体的应尽义务，应正常履约，完成合同款额或是商品物资的供货。①

属于资产负债表这一组账户科目的还有已上市发行的有价证券以及到期息票的收买业务。这些在资产项中所占比重不是很大的业务与即期清偿的国债及其他有价证券的赎回关系密切。这些业务不属于信贷类业务，但是按照其具有的提前交易特征，可以将它们并入贴现业务。

贷款，即有价证券抵押贷款，根据有价证券、国家和私人债券、商品以及商业经营性仓库、运输企业接收商品的商业凭据等抵押物种类，可将贷款分门别类。

最复杂的一类资产业务是银行同业代理的资产——负债两用科目，该科目能够确定与金融市场大客户（贸易商号、银行等）彼

---

① Дмитриев - Мамонов В. А., Евзлин З. П. Организация и техника коммерческого банка. С. 330.

此间的关系，大客户关乎一定信贷业务委托的相互履约问题，这些信贷业务可能是抵押贷款（有价证券抵押、票据抵押和商品抵押）或信用贷款（即无担保抵押贷款）。

上述研究的资产负债表中，五组资产项科目的业务收入构成银行的收入部分。余下资产项业务收入对银行总收入影响不大，属于这些资产项的有动产科目、不动产科目、有争端科目、各分行流动资本等。

负债项，或者说19世纪末20世纪初股份商业银行的信贷资金，主要由银行自有资金和获取资金两部分构成。自有资金主要分为股份资本（固定资本）和准备金（储备资本），包括所有类型的准备金。获取资金可划分为存款和借入资金。现代银行实务将存款和借入资金理解为从各类资金市场动员筹措的资金。存款是银行客户的活期存款和储蓄存款形式的资金，而借入资金是集中在同业往来账户上的资金，往往从较高级的市场中获取，这也是那些大金融客户运作资金的通道，[1] 这种账户分类法源于19世纪的银行实践活动。同时，属于借入资金的还有再贴现和再抵押。再贴现是银行将其存量里未到期的已贴现票据向其他信贷机构、更经常是国家银行贴现。再贴现是银行贷款业务的一种形式。再抵押是通过银行获得贵重物品抵押贷款，在征得客户同意情况下，银行从客户那里接受贵重物品作为抵押品。

因此，资产负债表主要负债项可划分为以下六组，如表2 - 2所示。

---

① Панова Г. С. Анализ финансового состояния коммерческого банка. М.，1996. C. 25 - 37.

表 2 - 2    资产负债表主要负债项

| 自有资金 | | 1. 固定资本 |
|---|---|---|
| | | 2. 储备资本 |
| 获取资金 | 存款 | 3. 往来账户 |
| | | 4. 定期存款 |
| | 借入资金 | 5. 再贴现和再抵押 |
| | | 6. 同业代理 |

表 2 - 2 中列出的负债项是银行资金的基本构成部分。记录银行吸入资金的账户能够说明银行总负债情况。

银行资产负债表反映了一个特定时期的银行账户状况。根据经过一定间隔编制的两个资产负债表，我们可以研究银行业务的动态变化。但是这份财务报表却没有让我们了解到资产负债表编制时期账户进出的货币金额。

## 四    财务报表统一程度

尽管银行公文处理实行统一的组织原则，但是革命前俄国并不存在标准形式的银行财务报表。不过，从 19 世纪 70 年代开始，这些财务报表格式保持了实质性统一。由于财政部和俄国国家银行 1872 ~ 1874 年实行股份商业银行财务报表划归统一措施，70 年代财务报表格式保持实质性统一成为可能。

《信贷法》的编写是股份商业银行朝这一方向迈出的最初也是最重要的一步。到 1872 年，俄国商业银行按照股份制企业公司基本法运行。这时期还没有对个别银行规范严加要求，因为银行数量还不成规模，1864～1869 年，俄国仅有 6 家商业银行。但是，70 年代上半期，俄国掀起了创办银行的热潮：1870 年新增 6 家，1871 年新增 10 家，1872 年新增 11 家，1873 年新增 6 家。在这四年的时间里，俄国股份商业银行体系快速发展起来，拥有 30～40 家信贷机构，革命前俄国股份商业银行一直保持这一数量水平。

早在商业银行创设热初期，俄国政府就试图调整并控制这一过程，上面提到的 1872 年 5 月 31 日法律便是其结果，这部法律成为稍后陆续出台的多部法律条文中被编入全俄银行立法《信贷法》的第一道法令。

1872 年 5 月 31 日法律的颁布旨在简化新建股份公司、城市公立银行、互助信贷社和土地抵押银行的办理手续，采用适用于不同种类信贷机构的合乎规范的章程，确立了信贷机构业务管理、经营及公开财务报表的总规则。

如果银行章程先前需要国务会议审议通过并得到沙皇批准的话，那么 1872 年 5 月 31 日法律却将核准权移交给财政部，并且开始实行统一的银行章程。新建银行的章程理应符合 1871 年组建的 5 家银行的示范性章程。这 5 家银行分别是梯弗里斯商业银行、华沙贴现银行（1871.5.21）、亚速－顿河商业银行（1871.6.12）、基什尼奥夫商业银行（1871.10.18）、罗斯托夫－顿河商业银行（1871.12.7）。

股份公司原则却从未采取过类似划归统一的措施。按照舍佩列夫的观点，受到政府试图快速在国内实行不经官方许可组建股份公司的愿望的影响，《信贷法》的这些法规成为标准公司章程编写的基础。但是，由于 1873 年交易所危机，这一方案并未实现，结果财政部决定继续坚持对股份公司创设活动实行全面监督管理。①

关于财务报表，1872 年 5 月 31 日法律规定："财政大臣对信贷机构公开的资产负债表规定了必要的形式，目的是根据这些信贷机构的章程，操作的每项业务都要在资产负债表上标明各自的总计金额。必要情况下，财政大臣能够要求这些信贷机构的董事会向他做出应有的解释。"②

依照我们的观点，俄国的社会现实与《信贷法》并不矛盾，即俄国并没有固定形式的资产负债表。我们必须从另一角度去看待这一问题：根据 1872 年法律，银行应具有章程标本，其中载入标准的已完结业务一览表。这样财务报表就划归统一，每家银行都将按照这个报表结算。

让我们更加详尽地研究银行法定业务。例如，根据亚速－顿河商业银行章程，该银行获批的有如下业务：负债业务中有无期存款、定期存款、往来账户活期存款以及票据再贴现；资产业务中有票据贴现和商业借据贴现、贷款（国家公债券和政府担保的有价证券、非担保有价证券、商品、货物单据以及贵重金属等抵押贷款）、代理、贵重物品保管、自我承担买卖各类有价证券以及抵押物、汇率业务或是买卖汇票等。上面提到的全部业务在商业银行资产负债表中都按照单独的业务项分门别类标示出来。但代理业务除外，该项业务在资产负债表中只指出利率和利润余额。

同实际的资产负债表相比，法定业务一览表中缺少如下内容：

---

① Шепелев Л. Е. Царизм и буржуазия во второй половине XIX в. М.，1981. C. 108—113.

② 《帝俄法律大全》第 11 卷，第二部分，第 14 页。

（1）单名票据业务，《信贷法》对这项业务单独调整；（2）同业往来业务，它可以归为最普通的法定业务；（3）通知放款，19 世纪 70 年代这项业务开始发展起来，但是直到革命前，此项业务在俄国都没有获得足够的立法基础，正如当时相关文献指出的那样。①

在统一银行资产负债表格式的道路上向前迈出重要一步已经是一年后的事情了。1873 年 11 月 24 日，圣彼得堡召开了股份商业银行第一次代表大会。这次大会应俄国国家银行行长 E. И. 拉曼斯基的倡议而召开。第一次代表大会总结报告写道："基于国务会议于 1872 年 5 月 31 日核准的意见，财政部对各银行编制的公开月资产负债表的必要格式设计草案做出了预先规定，并于 1873 年上半年将研究结果分发给各家银行。"②代表大会逐条讨论了统一格式的资产负债表，即资产负债表改革草案，最后讨论通过了几种变体的形式。③接下来一一列举资产负债表科目，连同必要的解释。

资产：

（1）现金。

（2）在其他信贷机构开立的活期往来账户。

    （a）俄国国家银行。

    （b）私营银行。

---

① Данилова Е. Г. Правовые особенности операции специального текущего счета. СПб. , 1914.

② Первый съезд представителей акционерных банков коммерческого кредита 1873 г. Отчет. СПб. , 1875. С. 15.

③ Там же. С. 36—38.

（3）贴现。

　　（a）不少于两人签名的票据。

　　（b）抽签中奖的有价证券及到期息票。

　　（c）定期货物单据。

　　（d）带有担保的单名票据。

　　　　——有价证券及其他商业借据。

　　　　——商品货物、提单、货栈存货单等。

　　　　——不动产（工厂厂房、楼房、商铺）、轮船、船只等。

　　俄国商业银行只接收票据债务人或是票据持票人在具体某家银行已享受贷款的那些票据做贴现。以往票据的签名成为贴现支付的一种担保。从银行角度讲，票据上具有支付能力的签名人应不少于两人。如果票据上只有一个名字，那么这就是一张单名票据。只有一个名字做担保被认为是不足够的，因此，在贴现单名票据时，银行要求客户提供补充的物质担保，这些物质担保可能是有价证券、商品货物，以及运输和仓储部门提供的接收、保管和运输商品货物的单据凭证（提货单和货栈存货单等）。1872 年法律禁止银行接收不动产形式的抵押物，但是资产负债表格式更改草案中却保留了这一抵押物的相关科目，代表大会也通过了审核。但是，随后这类抵押物实际上在俄国银行的财务报表里并没有出现过。看上去，受法律法规的影响，这项业务被取消。

（4）抵押贷款。①

　　（a）国家公债及政府担保的有价证券。

　　（b）政府非担保债券。

---

① 这一科目总计里还加上了一行脚注："其中包括通知放款（on call）。"

（c）商品货物。

（d）贵重金属。

（5）应收有担保的特别往来账户款项。

19 世纪 70 年代，俄国银行开始发展新型贷款业务。有别于普通的定期贷款，新型贷款一般投放到客户的往来账户上，客户可以根据需要的额度，随时启用这笔贷款，而利率只需按照从账面上实际支出的那笔贷款金额支付就可以。这类贷款称为透支贷款，或者称为特别往来账户贷款、通知放款或是无期贷款（来自英语的 on call—overdraft loan）。

这类贷款的发展使它逐渐排挤了传统定期贷款，这是 19 世纪下半期到 20 世纪初银行实务演变史最重要的特征。但是，19 世纪 70 年代，这一趋势还只处在萌芽阶段，这类贷款被推广应用于上面第四组科目。第五组，即应收有担保的特别往来账户款项，得到了快速发展，到 80 年代，与第四组融合在一起共同发展。

（6）银行自有有价证券和贵重金属。

（a）国家公债和政府担保有价证券。

（b）非担保有价证券。

（c）银行自有的金和银。

（7）银行票据和汇票。

（8）银行分支机构发生额。

（9）同业行代理。

（a）彼方账户，来账（loro）。

（b）我方账户，往账（nostro）。

既然同业往来账户关系到履行相互委托，那么它们可划分为两类：同业行的委托业务记在它们的来账上，而银行委托给同业行的业务记在它们的往账上。

（10）拒付票据。

（11）拒付商业借据。

（12）过期贷款。

（13）银行经常项目支出。

（14）应归还费用。

（15）生产生活必备设备购置费。

（16）银行不动产。

（17）结转金额。

资产

合计：余额

负债：

（1）储备资本。

（2）分支机构及分理处的资本投入。

（3）准备金。

（4）存款。

（a）往来账户存款（一般账户、特定账户）。

（b）活期存款。

（c）定期存款。

一般账户和特定往来账户之间的差别在于，银行资金有可能直接从一般账户上划拨走；而对于特定往来账户，在同银行预先商定后，需要再过几天划走资金。

（5）银行发行的债券。

这是代表大会审核通过的一项业务，但是俄国的银行并未发行债券，因此资产负债表中不会遇到这个账户。

（6）票据和商业借据再贴现。

（7）有价证券抵押与再抵押。

（8）同业行代理。

　　（a）彼方账户，来账（loro）。

　　（b）我方账户，往账（nostro）。

（9）已承兑汇票。

汇票也称外汇票据，是国际进出口贸易中的一种支付工具。主要有出票、承兑和付款等环节。如需转让，通常应经过背书行为。它由客户开出，要求代理银行支付给票面上指定的人一定数额的外汇。通常，银行承担汇兑业务是在客户往来账户的范围内进行。

（10）未兑现的银行股红利。

（11）应付存款利息。①

（12）利息和代理佣金收入。

（13）结转金额。

　　负债

合计：余额

资产类科目余额同负债类科目余额应该是持平的。此外，还有一些账外科目，即资产负债表表外科目：

（1）贵重物品的保管业务。

（2）委托票据。

（3）委托商品。

（4）信用放款。

---

① 财务年度内应付存款利息要从这个账户中扣除。

　　前三项业务不属于银行自有资产，而是银行开展的委托保管业务。信用放款，即无抵押贷款，并没有使用代表大会规定的形式。

　　得到代表大会通过和赞同的资产负债表，实际上是总账簿表内科目的账上余额对账单。但是，出席大会的代表银行的业务实践表明，它们核准采纳的财务凭证格式并不是严格意义上的资产负债表。它们指出，如果采用该种格式的资产负债表，那么，所有账户科目都应该在每月月初就记载明确自己的账上余额，可是，令人不明白的是，月资产负债表反映的只有总账簿里最重要的科目之一，即损益表的信息。[①]这个科目是资产—负债类科目，但是无法对它进行资产或是负债科目具体的详细的划分，就像其他资产—负债类科目一样，比如同业行代理业务科目。其原因是，由于银行实务技术问题，这种情况下的月资产负债表亏损科目不可避免地要虚报，因为储蓄存款和往来账户活期存款需要提前加算利息。这个问题只有在月资产负债表中是很典型的，并不涉及期末资产负债表。

　　结果，代表大会同意只按照资产类科目或是负债类科目中的一种公开损益表，但是要求不能按照资产负债表情况，而是按照账务情况命名综合的财务凭证。

　　代表大会的决议只具有建议的性质，下面一句话对资产负债表格式已经做了预先声明："记录到资产负债表中的只有这样一些账户科目：银行章程规定的章程内业务项目；截至此时的资产负债表科目余额。"[②]

　　由于大会批准所有银行使用统一的业务明细表，因此，从

---

① Там же. С. 27.
② Там же. С. 35 – 36.

1874 年开始，绝大多数银行逐渐转向使用新的资产负债表科目一览表。股份商业信贷银行代表大会委员会对这一倡议给予了莫大的支持。同时，委员会以第一次代表大会决议采纳的资产负债表账户科目一览表为基础，开始研究银行财务报表问题。如果个别银行财务报表在某些方面不符合格式标准，委员会将针对具体情况同该银行协商，请求该银行提供编制资产负债表必要的信息，但是银行往往做不到这一点。①

将 19 世纪 60 年代和 70 年代的银行资产负债表格式加以比较后，我们就可以对银行实务划一的措施是否具有现实意义做出评价。根据《财政部政府命令索引》公布的资产负债表标准样式可以判定，从 70 年代下半期开始，银行主要采用了新格式的资产负债表，并且，还有一点十分重要，资产负债表账户科目分组登记十分清晰明了。

我们可以从卡乌夫曼的《俄国银行统计》中了解到 1864～1873 年早期资产负债表格式的情况。例如，我们对圣彼得堡私营商业银行②和莫斯科商人银行③ 1866 年 12 月 31 日期末资产负债表进行了比较分析（这个历史时期俄国其他的股份商业银行尚未建立）。

因此，1872～1874 年，银行公文格式划一实际上向前迈出了一大步，并且财政部和股份商业银行代表大会活动旨在发展银行实

---

① Напр., см.《Предисловия》к: Ежегодник русских кредитных учреждений. Выпуски I—IV. За 1877—1881 гг. СПб., 1880—1886.

② Статистический временник Российской империи. Сер. II. Вып. 11. Статистика русских банков. Ч. 2. СПб., 1875. С. 187.

③ Там же С. 201.

践中业已成熟的项目，致力于各业务项的名称及内容系统化。

　　但是，在分析银行财务报表时，俄国史料学界关注的重心正是它具有的多样性。①这一传统根植于革命前代表大会委员会的统计工作者提供的各种银行凭据。② 舍佩列夫对这一观点的实质做了最完整表述："采取簿记方式以及填写通用格式的资产负债表，对于每一家银行而言，一定程度上依旧存在差异。股份商业银行代表大会委员会于 1916 年不得不（一定程度上是夸大其词）指出：'有多少家信贷机构，就有多少形式各异的资产负债表及财务报表。'各家银行采用不同方式的簿记制度，其主要原因可以归结为这些银行想极力摆脱上级部门对它们经营活动的监督以及对银行文牍处理做出的规定。银行应公开资产负债表各科目任意分组，由于这一点，银行试图将禁忌业务以及章程外业务隐藏在个别业务项下。"③

　　依我们之见，这里混淆了两个概念：资产负债表科目分组，这些科目是一成不变的；各分组内部的科目。后者得到了发展，准确地说，是更加细化了，科目划分得更加详细。特别是从 19 世纪 90年代开始，这个过程被强化了，尽管更多的发展趋势早在 80 年代就已初露端倪。我们要重申的是，在公开的资产负债表里，并没有产生科目的新分组情况。这证明了 70 年代财务科目分组的编制工

①　Бовыкин В. И. О взаимоотношениях российских банков с промышленностью до середины 90 - х годов XIX века // Социально - экономическое развитие России. М. ，1986. С. 195；Гиндин И. Ф. Русские коммерческие банки. М. ，1948，С. 385；Шепелев Л. Е. Архивные фонды акционерных коммерческих банков. С. 82.

②　Обзор деятельности съездов представителей акционерных коммерческих банков и их органов. 1 июля 1916 г. — 1 января 1918. Пг. ，1918. С. 120 - 130.

③　Шепелев Л. Е. Архивные фонды акционерных коммерческих банков.

作或多或少还算成功。但是，分组内部的记账工作进行得较为细致。

同业代理业务资产账户的情况相当复杂。资产账户划分为各类贷款，受客户委托在银行开立无担保信贷（信用放款）账户和有担保信贷（有担保有价证券、无担保有价证券、商品货物及商业借据抵押贷款）账户。在同业代理行为自家银行开立信贷账户，办理的贷款包括银行支配的游资以及同业代理行的票据业务。无期贷款是最具分量的一个科目，多家银行各种有担保及无担保有价证券的抵押贷款业务得以确立。

但是，必须指出，上面一一列举的变化主要涉及圣彼得堡实业银行的业务范围。这类银行业务模式具有的典型特点使同业代理行业务以及全部有价证券业务的地位抬升。绝大多数圣彼得堡及莫斯科的银行都是沿着贴现贷款业务轨迹发展演变的，因此，银行资产负债表中较为详细地记录的恰恰是这些科目的运行状况。因此，资产负债表科目分组内的详细情况，所含内容是动态的、演化的，这一切取决于每一家银行的强项业务究竟是什么。但是，需要再次强调的是，这种情况下的科目分组本身没有受到破坏，而且它们还保持了数据的对比性。

第一次世界大战期间股份商业银行代表大会委员会开始在银行界和司法界积极推进财务报表划归统一运动，以此适应银行实务发展新高度。为论证自己观点的正确性，委员会工作人员就财务报表现有状态提出了批评性意见，这些意见正好成为批评俄国史料学中五花八门的银行财务报表的基础。①

---

① Обзор деятельности съездов···С. 120—130.

但是，还必须考虑到另一种意见：总体而言，代表大会委员会工作人员对国内财务报表缺乏严格的国家统一格式提出的正确诉求与根据大家批评的一手财务报表编制成的财务综合公告的质量及规模相矛盾。似乎，在当时的历史背景下，委员会委员的观点表达了他们对进一步完善银行财务报表的渴求与愿望，但是他们遇到和处理的文献资料，仍然基于足以用来统计加工的统一格式的资料。

正是资产负债表科目基础分组具有一定的稳定性，这一点才成为革命前历史时期1874～1917年大量可对比的银行综合财务统计数据资料诞生的必要前提。较早的统计数据只在大宗科目上具有可对比性。

## 五　财务报表可信度问题

商业银行财务报表内含信息的可信度问题可被视为对该统计资料进行史料学分析的重中之重。

财务报表由银行自己编制，而国家机关对这一过程实施监督。因此，我们遇到的应该是银行在财政部和税务部门要求下在必要范围内对外公开的那部分史料信息。这里我们遇到了商业企业经营机密性和公开性相互关系的问题。这也是银行业面临的一个极具挑战性的问题。银行理应向社会公开自己的业务经营状况。这一点对于维护其良好的业界声誉十分必要。没有这一点，银行也无法成功经营。但同时，银行与客户的关系是一种机密，双方要相互信任。换言之，银行只能自始至终在客户力求的隐蔽性以及国家政府及社会要求的公开业务信息之间寻求一种不得已的妥协和折中的做法。

既然银行自身要对财务报表及月资产负债表中的数据负责，那么这种公开的财务报表就成为其维持业界良好声誉的重要手段。银行怀疑这个问题的公正性没有任何意义。

但还有一种并不可信的观点，即财务报表的编制工作有试图遮掩法律严禁的以及章程外的业务操作的倾向。革命前的历史文献中，有充足的证据证明当时许多合同签订并没有按照章程条款要求，有些甚至是章程禁止的业务。但是通过某些处理手段，银行却将这些业务变成了合理合法的业务，如自己负担费用的生意①或者客户负担费用的交易所投机交易。②

银行对自身负责的信息，不可能做到完全准确无误，簿记核算的特点极有可能要求手工操作数字，这样就容易产生失误，其结果是银行经营活动向着负面的趋势发展，特别是这些失误日积月累，一定时期内簿记遮掩了这一切。例如，改办账户新日期，但没有将无望的贷款记入亏损科目。但还应该强调的是，簿记建档时隐瞒亏损只是在较为有限的时期内。

不过，从银行实际客户及潜在客户的角度讲，他们对银行信任与否也取决于银行经营活动的透明度，这种透明度要求银行财务报表编制看上去近乎真实。况且，对这些财务凭证的审核由省财政厅负责。

必须强调的是，只有对银行内部财务凭证独立查账才能够提供关于银行经营状况的准确信息。会计查账制度只是在 20 世纪初期才形成。在 19 世纪下半期至 20 世纪初的俄国，财务审计的前辈是那些财政部的专职稽查员。每当积累下来大量间接证明材料，银行

---

① Об этом см.: Каценеленбаум З. С. Коммерческие банки и их торгово - коммиссионные операции. М., 1912.

② Об этом см.: Данилова Е. Н. Указ. соч.

的经营状况每况愈下的时候，这些稽查人员便开始了他们的查账工作。自然，这种情况下"资产负债表的清洗"工作将会挖掘出公开财务报表里看不到的大量"不良资产"。①

但是，也不能仅凭这种例证就去评论整个银行财务报表的可信度，因为这种审计材料涉及的往往是那些濒临破产的银行的经营情况。

20世纪，国家监管银行经营活动的世界实践经验已经预见到银行业务定期公开财务报表与财务审计相结合的发展趋势。无论是公开的财务报表还是国家机构面对的财务报表，都被认为是最重要的审核材料，相关部门要对这些材料进行两方面的分析。第一，揭示银行几年内的业务动态及发展变化情况；第二，横向比较若干家银行的业务经营状况。② 换言之，在实践应用方面，公开的财务报表被认为是可用于比较性研究分析的史料。根据对个别银行业务动态分析的结果，或是根据对所有银行一个财务年度内的经营状况比较分析得出的数据，就有可能指定一些信贷机构接受财务审计。

因此，分析财务报表不是用来揭示银行财务状况的，而是用于研究这一财务状况下银行未来的发展走势。例如，我们可以根据银行财务报表加以判断：银行的收益率如何？银行业务结构是如何变化的？还可以对某两家银行的数据展开全面分析，以进一步弄清楚，其中一家银行的有价证券投资可能要高出另一家。

在评价银行财务报表可信度这个问题时，我们需要明确区分两个概念。

---

① Напр.，см.：Петров Ю. А. Коммерческие банки Москвы. Конец XIX в. – 1914 г. М.，1998. Глава 2.

② Панова Г. С. Анализ финансового состояния коммерческого банка. М.，1996 С. 11 —14.

一是个别银行财务报表的真实可信性。这种可信度可能只受到银行内部凭证的检验。这种情况下，史学家必须独立完成财务审计工作，这就导致了对会计部门工作进行监察，以便揭示根据银行资产负债表科目，个别业务录入的信息是否正确。众所周知，商业银行内部资产负债表即银行档案部门保管的资产负债表是禁止对外公开的，[1]其原因是这些内部财务文献资料都是银行会计部门的劳动"产品"。因此，在此种情况下，审计财务报表的真实可靠性实际上意味着审计银行整个财会部门的组织管理工作。

二是当评价综合财务报表统计（包括多家银行的数字信息）的可信度时，人们还持一种与上述情况完全相反的观点。现代银行财务审计理论指出了这些统计数据不能完全令人信服的问题。如果普通统计数据反映出银行体系财务状况变化的趋势，并且该趋势可以同国家整个经济的发展方向相对比，那么这类数据具有相对的可信性是能够得到证明的。[2]本观点的出发点就是革命前的财务统计也是实时监管银行经营活动的重要数据资料。

现在让我们通过数据详细地分析这一问题。因为与我们打交道的是公开的财务报表，它是否可信和真实，从理论上讲，首先关乎银行提供给审计部门有关自己业务经营真实财务状况的信息。这一点自然导致银行粉饰财务报表，首先是虚报亏损，其次是故意少报利润额。

首先，我们关注的是公开财务报表里亏损科目反映出来的问题。我们发现，银行整个亏损情况往往和贷款没有偿还以及有价证

---

① Бовыкин В. И. О взаимоотношениях российских банков с промышленностью...
Ссылка 3.

② Панова Г. С. Указ. соч.

券牌价下跌有关。值得注意的是，银行实务中通常是不会出现亏损的，银行损益表中常常会标明亏损占全部支出比例在5%以内。并且，随着时间的推移，部分债务会得到偿还。在个别年份，一些银行注销的贴现与贷款的债务会少于以往年度的债务累计额。

银行实务理论认为，疑点重重的债务需要提早加以辨别，并立即将这些债务从经常性利润里注销。并且，债务通常是从经常性利润及准备金里注销，而从固定资本里注销，则属于极端无望的情况下不得已而为之。[①] 19世纪，俄国只从经常性利润里注销债务，之后会从准备金利息收入里注销债务，而不是从准备金里注销债务，因为按照银行章程规定，银行会用1/3的准备金投资有担保的有价证券，通过这项业务加算利息。只有在极端情况下，银行才会从自有准备金里注销亏损。

让我们详细分析1900年也就是1899～1902年经济危机爆发后第一年银行财务亏损的情况。[②]这一年银行绝大部分亏损是由股市行情暴跌造成的，这一点导致银行自有有价证券总存量严重贬值，甚至买卖有价证券业务大幅亏损。不过下面列举的数据也涉及其他业务亏损情况。

根据1900年债务冲账的绝对额，排在首位的是圣彼得堡国际商业银行，注销各种债务总计达169.4万卢布，大约占其1900年总收入的25%。[③]排在第二位的是俄国外贸银行，为120.5万卢布，

---

① Там же. С. 40.

② 经济危机开始于1899年秋，由于 С. 马蒙托夫 和 П. 冯·捷尔维斯的破产而爆发。

③ Извлечения из отчета Петербургского Международного коммерческого банка за 1900 г. // Вестник финансов, промышленности и торговли. Отчеты обязанных публичной отчетностью предприятий. № 17. С. 498.

占其年总收入的 23.5%。[1]排在第三位的是伏尔加－卡玛商业银行，也是当时最大的一家商业银行，注销的债务为 81.5 万卢布，但是由于该银行整体上经营规模较大，1900 年这一年的亏损额仅占总收入的 8.3%。[2]圣彼得堡贴现贷款银行从总收入中拿出 21% 用于抵销亏损，数额达 72.71 万卢布。[3] 圣彼得堡私营商业银行注销亏损 39.7 万卢布，相当于其年总收入的 24%。[4]而俄国工商银行是 36.08 万卢布，占其年总收入的 10.4%。[5]

当然，可以假设的是，亏损的实际数额巨大，而在资产负债表科目账面上显示的仅仅是那些没有成功隐瞒在其他项下的亏损。但是，从上面列举的数据看，经济危机时期的圣彼得堡银行财务状况呈恶化的趋势。圣彼得堡银行业务与有价证券市场关联最为密切，正是在 1900 年经济危机时期，俄国有价证券市场经受了巨大震荡。具有另一业务特点的莫斯科银行及外省银行，并没有显示数据指标出现类似的下滑，就像本书第三章及第二部分所表明的那样。[6]指出的发展趋势与其他史料的数据分析相吻合。换言之，如果公开的银行财务报表指出的发展趋势同整个宏观经济完全吻合的话，那

---

[1] Извлечения из отчета Русского для внешней торговли банка за 1900 г. // Там же. № 15. С. 397.

[2] Извлечения из отчета Волжско－Камского коммерческого банка за 1900 г. // Там же. № 16. С. 470.

[3] Извлечения из отчета Петербургского Учетного и ссудного банка за 1900 г. // Там же. № 17. С. 498.

[4] Извлечения из отчета Петербургского Частного коммерческого банка за 1900 г. // Там же. № 20. С. 644.

[5] Извлечения из отчета Русского Торгово－промышленного банка за 1900 г. // Там же. № 15. С. 421.

[6] Напр., см.: Бовыкин В. И. Формирование финансового капитала, в России. Конец XIX — 1908 г. М., 1984. Гл. 3.

么，我们根据这些数字就可以研究个别银行财务的动态变化，甚至银行之间还可以相互比较。

现在，我们关注一下商业银行的利润。"收益赚头"是一个计算银行收益的概括性指标，即净利润①占总收益比例，并以百分数表示。银行的"收益赚头"越高，它的管理就越有效果，银行经营的效益就越好，国家金融市场就更会向好的方向发展。"收益赚头"能够揭示银行收支配比是否合理。银行业务收入额越高，其个人债务支出就越低，"收益赚头"就越大。

计算这些参照指标时选取的都是特定年份，都是国家宏观经济发展中重要的具有特定意义的年份：1893 年、1898 年（19 世纪 90 年代经济高涨时期的起始点），1899 年、1903 年（经济危机的爆发年和结束年），1908 年（经济危机后的萧条期），1913 年（战前最后一个和平年）。

表 2-3 列出的是 19 世纪末 20 世纪初俄国最大的 10 家银行。其业务经营特点已经得到充分的研究。其中，有三家圣彼得堡的实业银行：圣彼得堡国际商业银行、圣彼得堡贴现贷款银行与圣彼得堡私营商业银行。俄国外贸银行接近这一类型。这些银行最大限度地参与投资 19 世纪 90 年代的投机交易以及股份制创设活动，也赚取了丰厚利润。这一时期这些银行的纯利润相当于总收入的 50%左右。但是，1899 年爆发的经济危机给了它们当头一棒，银行赚头急剧下降，仅为 20%。圣彼得堡私营商业银行到 1908 年都没能恢复正常营业，这一年银行的决算报告反映总支出超过总收入，其结果是，同年该银行的净利润为负值，尽管亏损占总收入的比重仅

---

① 此种情况下的净利润是税后净利润，在银行年度报告中指出。

为 5%。根据公开财务报表进一步分析，银行的经营状况看上去似乎很平稳。但是根据银行内部财务凭证分析，银行亏损金额实际上要多得多。[①]

同样得到详细研究的另一组银行主要由储蓄银行构成，包括伏尔加－卡玛商业银行，三家重要的莫斯科银行（莫斯科商人银行、莫斯科贴现银行和莫斯科贸易银行）。工业高速发展时期，这些储蓄银行利润占收入的比例总体上要低于实业银行，其中一些银行利润占总收入的 30%～40%，不过，这些银行实际上并没有受到 1899～1900 年证券市场崩盘的严重影响。[②]不过，经济危机反过来也同样极大地冲击了银行，只不过比实业银行来得晚一些。到 1900 年，部分储蓄银行净利润占总收益的比例下降到仅比 20% 略多，圣彼得堡银行净利润只是到 1903 年才下降到这个比例。

### 表 2-3　俄国股份商业银行收益赚头（1893～1913 年）

单位：%

| 银行 ＼ 年份 | 1893 | 1898 | 1900 | 1903 | 1908 | 1913 |
|---|---|---|---|---|---|---|
| 圣彼得堡实业银行 | | | | | | |
| 　圣彼得堡国际商业银行 | 57 | 51 | 28 | 34 | 31 | 23 |
| 　圣彼得堡贴现贷款银行 | 57 | 54 | 19 | 23 | 20 | 35 |
| 　圣彼得堡私营商业银行 | 54 | 50 | 19 | 23 | -5 | 42 |
| 　俄国外贸银行 | 50 | 49 | 18 | 17 | 24 | 27 |

---

① Напр., см.: Бовыкин В. И., Петров Ю. А. Коммерческие банки Российской империи. М., 1994. С. 79—95.

② Напр., см.: Бовыкин В. И., Петров Ю. А. Указ. соч.; Гиндин И. Ф. Русские коммерческие банки … Глава 2; Петров Ю. А. Коммерческие банки Москвы … Глава 2.

**续表**

| 银　行 ＼ 年　份 | 1893 | 1898 | 1900 | 1903 | 1908 | 1913 |
|---|---|---|---|---|---|---|
| 圣彼得堡和莫斯科储蓄银行 | | | | | | |
| 　伏尔加－卡玛商业银行 | 52 | 42 | 37 | 34 | 31 | 24 |
| 　莫斯科商人银行 | 42 | 26 | 28 | 19 | 23 | 21 |
| 　莫斯科贴现银行 | 42 | 31 | 21 | 14 | 22 | 21 |
| 　莫斯科贸易银行 | 32 | 60 | 29 | 27 | 29 | 31 |
| 省城银行 | | | | | | |
| 　亚速－顿河商业银行 | 21 | 35 | 29 | 24 | 32 | 32 |
| 　华沙商业银行 | 59 | 54 | 49 | 30 | 29 | 30 |

资料来源：*Источники*：рассчитано по данным за 1893，1903，1908，1913 гг. из：Вестник финансов，промышленности и торговли. Отчеты обязанных публичной отчетностью предприятий. 1894，1904，1909，1914. № 1—52. Данные за 1898，1900 гг. из：Статистика краткосрочного кредита. Операции акционерных банков коммерческого кредита. Т. 1. 1894—1900 гг. СПб.，1905。

　　表 2 - 3 提到了亚速 - 顿河商业银行、华沙商业银行以及伏尔加 - 卡玛商业银行，它们都在外省完全地或相当程度上完成了银行的利润收入。并且，亚速 - 顿河商业银行在欧俄南部运行，华沙商业银行在俄国西部，而伏尔加 - 卡玛商业银行的业务遍布全俄，但以东部、中央及东南部地区为主。这几家银行的数据能够让我们了解尚未得到深入研究的省份的银行经营情况，虽然这些外省银行就自身发展历史讲，无法与首都信贷机构相比，但是，至少就银行管理水平而言，丝毫不逊色。这些银行向我们展示了 1893 ~ 1913 年经营指标较高的稳定性。

　　我们发现在这种情况下忽略了一个现象。首都圣彼得堡银行与外省银行越来越融为一体，这个发展趋势在 20 世纪初就占据了上风，不过我们只是临近 1910 年底才能够对这一趋势的结果做出评价。[1]但是，总的来说，重要的一点是，到 1913 年，按净利润占总收入比例计算，各类银行基本持平，除了个别例外，这个比例多在 20%～30%，这说明俄国金融市场逐渐一体化，银行业务朝多面化、多功能化方向发展。

因此，通过实例可以看出，商业银行财务统计反映了银行体系发展及整个国家经济行情动态的基本趋势。最终，这些统计数据毫无疑问地将用于研究个别银行不同历史时期的业务发展动态，用于比较性分析全部商业银行同一财务年度财务状况。

# 六　银行财务报表的信息量

革命前商业银行的公开财务报表就是一个丰富、翔实、系统和足够完整的银行业务综合数据集合，我们的研究也证明了这一切的正确性。但是，众所周知，史学家并没有广泛地提取这些史料。因此，必须做出评价，这些数据对银行史方面的研究具有什么价值，含有多大信息量。为此应该明确，财务数据能够反映银行哪些方面的经营状况，因为只有这样才有可能拟定研究课题，为解决这些问题，公开财务报表能够最大化地提供给我们需要的信息。

当我们将关注的焦点投向这些数据时，苏联历史学科始终面临这一问题，银行财务报表并不含有那个时代优选研究对象的信息。财务报表中的各个科目既不能说明工业贷款或融资的实际规划，也

---

① 　Гиндин И. Ф. Указ. соч. С. 132.

不能说明与具体银行有业务关联的经济领域的任何问题。其结果是，财务统计是一种对从事那个时代的研究"没有任何益处的"文献史料。

上述一切不应该被理解为在做批评，这些问题在许多方面在银行史研究中仍然占主要地位。本书撰写的目的，只是要重点强调，20 世纪银行史研究工作特别是银行与工业企业、银行与金融工业集团、银行与经济部门之间相互关系类型的研究富有成效，取得了丰硕的成果。

沿着银行与工业相互关系问题的研究轨迹去定义和表述研究课题，概括地讲，目的是弄清楚银行从游资市场吸引来的资金投到了哪里。近五六十年来，银行资金"投资到哪里"这个问题在历史编纂学中占有重要地位。但银行财务报表里恰恰缺失这些信息。财务报表里含有的不是银行货币资金的市场配置和市场流向的信息，而是银行货币资金投资形式方面的信息。"形式"这一概念是从事银行报表工作的关键。"形式"并不包含银行投资方向的信息，而是指银行是如何进行投资的。因此，研究财务报表时，我们关注的焦点是银行哪一项具体业务完成了对外投资，那么，这就是银行资金的投资形式。

银行历史编纂学对各类银行业务的研究，传统上总是从银行与工业企业关系性质这一视角展开，对银行业务的分析能够间接地反映出这种关系。例如，根金在《俄国商业银行》中就尝试揭示各类银行业务透视出的商业贷款、工业贷款以及银行与大客户之间最高级的关系类别，即融资问题。

从那时积累起来的银行业务经营五十年的研究经验使我们得出结论：银行经营的部门投资倾向性与银行某项工作计划的会计分录

彼此没有明晰的联系。

银行财务报表还能反映出另一个现象：银行业务模式是一种商业经营模式，也是在金融市场攫取利润收入的一种方式。银行的这一"经营风貌"在其业务结构中，在资产负债业务结构中鲜明地体现出来。这里的一切都十分重要，例如，银行利润收入的业务结构如何？多少资金投向了信贷业务、投向了有价证券业务？银行吸储的规模如何？或许可能的话，银行更喜欢向其他银行借贷。银行管理水平如何？有多成功？也就是说，银行管理人员能否成功地让金融部门的财务收支达到合理配比状态。

每种银行业务都能够体现出银行与客户群的关系类型。因此，无论是信贷、代理服务还是有价证券业务，都需要和各种经济活动主体打交道。比起那些依赖其他借贷资金的银行，以吸储业务为主的银行完全按照另一种方式管理自己的负债，它们的做法更可取。

业务结构类型反映了该银行在国家金融市场中的地位。银行同哪些种类的金融市场打交道？银行客户范围较为狭窄还是较为宽泛？银行业务活动是否受地域限制，还是说，该金融企业生意地理覆盖面相对而言比较广阔？

作为一种商业企业，就在前不久的俄罗斯经济史研究中，银行业方面的研究对象还没有明确下来。尽管占据主流研究方向的只是几个单一的观点，它们集中于股份制工业企业融资预案研究，但值得注意的是，在这种情况下，国家主要银行那些占优势的经营活动得到了研究。

如果我们想对银行按照商业企业展开研究工作，那么我们就应该关注银行商业战略问题，而这一切透过银行业务结构鲜明地表现出来。正是对银行财务报表的分析，使我们可以追踪个别银行的业务结构沿着时间坐标的全部变化，以及各银行间的业务结构差异。无论在什么情况下，这一观点都不会贬低和排斥银行史上的事件，包括银行经营失败和倒闭事件、管理层动荡以及管理人员更换、重大商业预案、银行经营管理的首要任务等方面的研究传统。但是，如果不根据财务报表数据去研究和分析银行资产与负债结构的合理性问题，那么各金融企业间的差距与差别永远都无法完整地得到揭示。

# 七　俄国商业银行公开财务报表：主要研究成果

（1）银行财务报表是丰富的保存相对完好的综合史料，它涵盖了 1864～1917 年股份商业银行整个发展时期。

（2）股份商业银行整个发展时期，资产负债表主营科目的财务报表都是统一的。因此，我们掌握的财务数据具有很高的可对比性。

（3）财务报表数据能够反映俄国整个经济行情及银行体系发展的主要趋势。

（4）财务报表内含的信息应该用于分析银行体系发展动态或是用于比较个别银行的财务状况。这一点意味着银行财务报表能够真正地揭示银行自身的实力，但也只是在统一的综合统计数据框架下。

# 第三章
## 俄国商业银行财务史

　　大部分银行财务报表实现了系统化，革命前就已经在汇编出版物上出版。这种统计制度的形成历经两个阶段（1864～1894年和1895～1917年），每一个阶段都有内部界限的划分。

　　作为一种现象的财务统计最初三十年经过了完整的发展周期：产生和形成、繁荣与消亡。1870年初，财政部和俄国国家银行的经营与政策强有力地推动了银行业的统计实务蓬勃发展。其结果是，从1864年累积起来的银行报表得到有序的加工整理，最主要的是，商业银行的财务统计在国内已经作为一个系统开始运转。到1886年，70年代初这个领域所积蓄的潜能已近枯竭；1895年，银行财务统计事业不得不重建。

　　因此，俄国银行财务统计发展史最初三十年可以划分为三个时期。（1）1864～1873年。这个时期的俄国存在形式极其多样的资产负债表，它们零散地见诸报端。（2）1874～1885年。财务部和俄国国家银行采取措施统一银行报表和财务统计系统并形成制度。这一时期，俄国系统地整理了银行报表并出版了统计汇编出版物。（3）1886～1894年。到1886年，俄国统计工作停止，这主要是因为银行终止了转账资金以资助股份商业银行代表大会范围内展开的这项活动。

1895～1917 年是商业银行财务统计发展的第二个阶段，这个阶段正赶上俄国经济史动态变化和各种事件频发的时期。有关信贷机构信息需求的日益增长导致重新建立财务统计加工系统。股份商业银行代表大会委员会的专家尝试着恢复 1870～1880 年的研究规模，并补充进去每月刊出的综合报表。但是，由于力量和资金都不足够，所以他们不得不制订缩减的研究计划，该计划不会破坏统计数据与以前的统计刊物的可比性。其结果是，商业银行的财务统计发展新阶段可以划分为两个时期：（1）1895～1911 年，这个时期统计研究工作按照以往的宏大计划进行，但其结束得并不成功；（2）1912～1917 年，从这个时期开始，统计刊物出版计划缩减，但是出版的刊物的内容却更加精练。

银行统计工作的技术任务在于银行财务报表的加工处理：统一报表形式，俄国不同地域的报表体系化，全部数据指标的计算系统化。该技术工作的结果体现在统计出版刊物中。俄国银行统计并没有进行分析工作，以便深入思考已获取的数据信息。

因此，本章研究的内容有三：首先是商业银行财务统计方面统计工作的组织原则（信贷机构发展史、个别专家和学术团体的活动）；其次是创办汇编出版物时银行财务报表的处理方法；最后是统计汇编出版物的形式和内容。

# 一　第一阶段：1864～1894年

作为一种本质现象，财务统计的发展与俄国银行史及整个国家经济史密不可分。19 世纪 60～90 年代，俄国经历了社会政治和经济的重大变化。1861 年大变革是发生社会巨变的原动力。废除农奴制以及实行改革的目的是形成较为自由合法的社会内部关系，排除国家经济快速发展面临的重重障碍。

商业银行最初三十年发展历史的根本意义在于，俄国最终出现了商业信贷并获得发展，商业信贷主要服务于企业主阶层，应对经济发展各种资金需求。

俄国短期信贷体系的快速发展持续到 1875 年。此时的俄国有 33 家股份商业银行、84 家互助信贷社以及 235 家城市银行。最初不利的经济行情早在 1873 年就已初露端倪，当时交易所倒闭风潮席卷欧洲，也波及俄国，但是，发生在 1875 年秋天的莫斯科商业贷款银行的倒闭成为国家银行体系发展的转折点。这个事件引起巨大的社会反响，以至于商业银行倒闭的寻常事实却成为整个银行体系发展命运的分界线。之后，俄国银行业急剧下滑，储蓄存款外流严重，业务量缩减，某些银行开始自我清理，结果国家对银行方面的限制性政策得到加强。除了这个发展趋势之外，还要加上1877～1878 年战争期间的通货膨胀以及 19 世纪 80 年代的世界经济萧条。[1]由此，到 19 世纪 90 年代初，私立银行体系无论是在数量还是在质量上都没有得到发展。[2] 1875 年银行资产的总额到 1891 年才被赶超。

19 世纪下半期是货币流通长期紊乱的时代，它阻碍了货币市场正常发展。根据根金的观点："19 世纪俄国打破了无序纸币

---

① Гиндин И. Ф. Русские коммерческие банки. М. , 1948. С. 43.

② Бовыкин В. И. , Петров Ю. А. Коммерческие банкиРоссийской империи. М. , 1994. С. 41.

存在的长期性和不间断性的所有纪录。战时和战后通货膨胀时期，在印刷机开动起来直接为了战争大肆印钞的时期（1877~1878年，俄土战争时期），这种情况被相对安静的长期通货膨胀代替。"①政府既没有充足的资金也没有果断的决心来改变这种状况。

在这样的条件下，"商业银行体系缓慢地形成，如此缓慢，长期间断性地发展。只是到了这个阶段末期，股份银行才在信贷体系中占据第一但远不是主要的位置"。②

商业银行财务统计系统在金融信贷体系迅猛发展的最后几年即1872~1874年奠定了基础。在这两年里，财政部和国家银行做了大量工作以统一信贷机构的业务和财务报表。1873年，俄国成立了银行家代表组织，即股份商业银行代表大会。1873年召开的第一次代表大会通过了资产负债表的标准形式，并从1874年开始渐渐地用于银行实践。代表大会选举产生的执行机关——委员会着手组织银行列入资金的银行会计报表的加工处理工作。1877年，委员会筹备的第一份刊物问世。③

股份银行的财务统计是俄国改革后宏大的统计工作不可分割的一部分。正是在19世纪下半期，统计工作迈上了新台阶，获得质的飞跃。在前一时期，俄国财务统计只是一门描述性的很少集中在数量指标分析上的学科，其研究对象被理解为国家法。但是，19世纪中期以及大改革后，统计学理论家与实践家的活动已将统计学

---

① 　Гиндин И. Ф. Указ. соч. С. 41.

② 　Там же. С. 37.

③ 　Отчет по операциям акционерных банков коммерческого кредита. Т. 1: 1874 – 1875. СПб. , 1877.

转化为牢固的基础学科, 这门学科集中对数字指标透视的现象进行系统描述, 以整个社会为研究对象。①

大改革生成新的更加多样化的社会相互关系, 要求将社会所有领域的统计核算复杂化和扩大化。统计事业不仅在国家层面, 而且也在地方自治机关、企业家组织和学术团体中积极发展起来。②

商业银行财务统计系统在官办和私营信贷机构合作的基础上建立起来。统计费收取原则和原始数据内容, 也就是银行的财务报表内容均由财政部决定。银行代表大会委员会利用银行自家资金来处理财务数据。但是, 银行代表大会委员会从事财务统计的专家们基本上都是财政部和国家银行的职员。这种国家和私立机关的联手一方面保证了统计工作高质量完成, 另一方面在某些时期又导致了双方的利益冲突, 而这些利益冲突势必对共同的事业产生不利影响。例如, 1886~1894年银行就没有给银行代表大会委员会拨款。

### (一)卡乌夫曼的《俄国银行统计》

第一本财务统计出版物不是由银行代表大会出版, 而是由中央统计委员会出版, 这就是卡乌夫曼的《俄国银行统计》。③商业银行的财务统计包含在这一著作的第二卷中, 该著作于1875年出版, 比银行代表大会委员会最初的统计工作早两年推出。

---

① Об этом см. : Антонова С. И. Статистические источники по истории СССР периода капитализма. М. , 1968. С. 7—18.

② Там же. С. 7.

③ Статистический временник Российской империи. Серия II. Вып. 9. Статистика русских банков. Ч. 1. СПб. , 1872. ; Ч. 2. Вып. 11. СПб. , 1875.

根据 19 世纪下半期到 20 世纪初的活动结果，中央统计委员会自我表现为这样一个组织，它只是从人口、农业和工业统计等几个方向进行系统的统计工作。就这些问题，中央统计委员会既要考核会计往来科目，还要组织统计调查和一次性普查工作。19世纪 60～90 年代，除了研究和出版有关居民数量和流动人口、粮食收成以及土地分配所有制的数据资料外，中央统计委员会还研究了个别问题，譬如降低农产品价格、贸易、畜牧业、城乡居民比例调配以及国民教育等。历史学家和统计学家正是从这些角度对中央统计委员会的发展史进行了详尽研究。[1]

但是，中央统计委员会开展的统计工作课题并没有在此处穷尽。1866～1890 年出版的《俄罗斯帝国统计学报》便是对这一切的佐证。与中央统计委员会的其他出版物相区别的是，它具有统计资料混杂性的特点，提供了有关领土、行政区划和居民点、土地占有和使用、土地加工成本和粮食收成、畜牧业、国民教育和宗教信仰、交通运输、工业和贸易、国家收入、储蓄所、火灾防范以及一些其他问题的统计资料。[2]

1872 年和 1875 年出版的这些定期出版物中刊登了中央统计委员会工作人员卡乌夫曼关于俄国信贷统计方面的著作。

《俄国银行统计》是 19 世纪下半期杰出的统计学家和经济学家卡乌夫曼 (1847～1916)[3]的第一部巨著。他毕业于哈尔科夫国立大学。两卷本的《俄国银行统计》出版问世正值他获得圣彼

---

① Напр.，см.：Антонова С. И. Указ. соч. С. 32—33；Гозулов А. И. Очерки истории отечественной статистики. М.，1972.

② Антонова С. И. Указ. соч. С. 34.

③ 按 1848 年其他的数据资料。

得堡大学政治经济学和统计学研究生的助学金并调到中央统计委员会工作，在这个单位他任职达 11 年：从 1873 年至 1883 年。同时，他还担任《财政部年鉴》及银行代表大会委员会刊物的编辑，早在 1873 年，卡乌夫曼被选为出版社的书记。从 1893 年开始，卡乌夫曼成为圣彼得堡大学统计学教研室教授。1895 年，卡乌夫曼成为隶属财政部的俄国国家银行委员会委员，为四等文官。

卡乌夫曼是俄国财务统计学奠基人。他将《俄国银行统计》中的统计方法运用于银行代表大会委员会和财政部的统计数据出版物。卡乌夫曼不仅从事信贷金融问题统计研究工作，[1]还撰写银行理论专著。[2] 《格拉纳特百科辞典》提到，卡乌夫曼是第一批对《欧洲通报》连载的马克思《资本论》第一卷写出俄国专论的作者之一。[3]

《俄国银行统计》搜集了一直到 1873 年俄国信贷机构的全部统计数据。卡乌夫曼认为，俄国银行体系是一个由所有信贷机构结成的牢不可破的统一体。他认为，只举出个别官办和私营信贷机构的统计数据是不完全的，不够有代表性。在准备出版时，考虑到国外在搜集和出版信贷统计数据方面的经验，卡乌夫曼指出，俄国存在从事这项活动更为有利的条件，即涉及财务事业一定程度上的合

---

① Кауфман И. И. Статистика государственных финансов России в 1862—1884. СПб., 1886; его же. Вексельные курсы России за 50 лет (1841 — 1890) // Временник Центр. Стат. Ком. № 22. СПб., 1892.

② Кауфман И. И. Кредит, банки и денежное обращение. СПб., 1873; его же. Обзор проектов о преобразовании кредитной денежной системы России. СПб., 1878.

③ Энциклопедический словарь Гранат. 7 – е изд. Т. 24. Кол. 3.

法公开性的有关条件，由此，就会有比西方更详细、更加原始的统计数据资料直接由国家级专家支配和处理。①

两卷本《俄国银行统计》内容丰富多样，其中搜集了大量的旧信贷机构——贷款银行（1817～1859年）、商业银行（1818～1859年）、储金库（1841～1858年）、社会救济衙门（1841～1858年）的业务资料，以及这些机构1852～1859年的财务汇总表。

《俄国银行统计》记述的另一个对象是俄国国家银行，主要涉及三个研究方向：第一，国家银行对大改革前信贷机构的清理（1860～1871年）；第二，由国库出资的业务，或者说发行业务（1860～1870年）；第三，商业信贷业务（1860～1872年），其中包括国家银行办事处的月资产负债表（1863～1873年）。

至于私营信贷机构，它们出现在《俄国银行统计》第二卷中，其中包括股份商业银行（1864～1873年）、互助信贷社（1872～1873年）、城市公立银行（1863～1873年）和长期抵押（不动产）贷款银行（1873年）。

正如已提到的那样，1864～1873年的股份商业银行财务报表具有资产负债项目极其多样化的特点。这也是卡乌夫曼试图在自己著作里要解决的根本问题。他按照银行刊登出来的形式复制了每个银行的月资产负债表。接下来，卡乌夫曼编制了1864～1873年历年财务年度（截至12月31日）所有股份商业银行主要财务分账状况的数据汇总表，他搜集到的只是那些资产负债项，其一致性不容怀疑。其中，资产包括现金出纳和活期往来账户、银行自有有价证券和贵金属、贴现、贷款、同业银行代理，负债包括固定资本、

① 　Кауфман И. И. Статистика русских банков… Ч. 1. Предисловие. С. XII.

准备金、活期往来账户、定期存款、再贴现和再抵押、同业银行代理。但是,这里有一点令人奇怪,缺失了最本质的那一部分,即资产数合计以及负债数合计,也就是真正的资产负债表。结果我们无法评价银行资产或负债中每一项业务的规模,因此该表格并不是独立的,此表格很可能仅仅与该著作中的银行月资产负债表一起使用。

另外一种卡乌夫曼表格,即"1865～1873年短期贷款股份商业银行业务",根据年度报表中的本期发生额明细表编制而成。这里坚持的还是主要科目状况数据汇总表中的原则,即表格中列入的只有那些项目,其形式的一致性与内含、意义不会再有其他释义。有别于资产负债表数据,这个表格包含了全部发生额的数字信息。

银行损益表是《俄国银行统计》中填制最成功的部分。这是完全由卡乌夫曼修订的决算中的损益账户。卡乌夫曼为从事这类账户的工作打下了基础。他将收入分为利息收入、手续费收入和利润。继而,卡乌夫曼将利息收入划分为贴现、贷款、有价证券、其他银行开立的活期往来账户;将利润划分为买卖有价证券、外国汇票;将手续费收入划分为同业往来代理银行账户的佣金以及所有其他账户的手续费。卡乌夫曼甚至将往年的全部利润都归到收入项下。这些项目合计构成银行总收入部分。按照卡乌夫曼的观点,支出划分为储蓄存款利息、同业往来代理银行账户利息、准备金利息、与银行职能相关的支出、亏损的清偿。卡乌夫曼为自己的《俄国银行统计》增添了与财务报表毫无关系的补充信息。其中有一个表格就是"短期贷款股份商业银行及其分行业务公开的历史年代进程",这至少是十分有益的。第二个表格是"某些股份商业银行办理的汇票贴现等级和规模的分配"，可以说，此表格在一定程度上是独一无二的，因为商业银行汇票流通数据的历史年代断面只能在革命前的出版物中偶尔遇到一些片段。

当卡乌夫曼着手撰写《俄国银行统计》时，俄国还没有建立信贷统计处理系统。可以假设，卡乌夫曼的著作奠定了中央统计委员会框架下银行财务报表的数据搜集基础。但是，从1872年开始，俄国银行业完全交由财政部管理，卡乌夫曼开始为财政部的出版刊物做编辑工作。

### （二）商业银行财务报表在《财政部年鉴》中刊出

对财政部出版物中财务统计信息刊登的历史还有一个事实必须补充说明一下。众所周知，从1872年开始，银行月资产负债表在周刊《财政部政府支配账户索引》上刊登，1883年该周刊改版为《金融工商时报》。至于年度报表问题，最初财政部试图在自己1869年出版的年鉴上刊登。当时拟定，用这样一种方式合乎逻辑地形成财政部累计的银行财务报表刊登制度。到1874年，《财政部年鉴》的第一位主编是中央统计委员会统计学家，同时在财政部任职的 A. Б. 布什。他是《财政部年鉴》出版计划的设计者。但是，《财政部年鉴》办得不是很成功，70年代上半期，它遭到报界的批判，大家认为其内容枯燥单调，尽管以现代历史学家的观点看，即便是迅速地浏览《财政部年鉴》，看后也会给人留下内容丰富和系统性强的印象，大家也会认为，它涵盖了处于财政部调控和管理之下的国家经济生活最重要的方面。

从1873年《财政部年鉴》第六期开始，编辑部开始连载全

部银行财务报表，这些报表由财政部特别信贷办公厅从 1864 年
到 1872 年积累而成。为完成这项工作，财政部邀请了卡乌夫曼
亲自参加，因此《财政部年鉴》几乎复制了《俄国银行统计》
中的数据，但由于不包含月资产负债表，因而出版量较少。1874
年，《财政部年鉴》开始刊登银行代表大会委员会财务统计预处
理数据。但是，当 1874～1881 年委员会筹备的刊物出版后，《财
政部年鉴》在有关银行业务信息来源方面的意义已退居第二位。
19 世纪 80 年代，商业银行统计数据信息从《财政部年鉴》中消
失。90 年代，《财政部年鉴》重新翻印银行代表大会委员会刊出
的某些数据。

因此，就商业银行财务统计问题，《财政部年鉴》始终是第二
信息源，总在复制不同时期其他机构的研究成果。

## （三）股份商业银行代表大会委员会发展史及其统计活动

股份商业银行代表大会①委员会刊物构成俄国股份银行财务统
计综合系统的基础。这是 1876 年创建的最古老的代表大会组织之
一。不过，在学术著作中实际上并没有关于该组织的信息。舍佩列
夫详尽分析了第一次代表大会关于划归统一银行资产负债表的活
动。② 鲍维金第一次系统地阐述了代表大会委员会出版活动的主要
阶段。③但是，在这些著作中几乎都没有谈到组织自身的问题。

---

① 该组织早期的名称是股份商业银行代表大会。
② Шепелев Л. Е. Архивные фонды акционерных коммерческих банков // Проблемы источниковедения. М. , 1959. Т. VII. С. 82—83.
③ Бовыкин В. И. , Наумова Г. Р. Источники по истории монополий и финансового капитала // Массовые источники по социально - экономической истории России периода капитализма. М. , 1979. С. 151 – 155.

　　因此，股份商业银行代表大会发展史的研究程度并未达到企业家组织和联盟发展史研究所达到的程度。[①]正如已经提到的，这其中的原因是代表大会对国家社会政治生活以及保护银行家集团利益做出的贡献微不足道。这种推测间接地肯定了革命前历史文献以及财经与社会政治问题方面的报刊中完全缺失该组织的信息。股份商业银行50年的历史中共计召开了三次代表大会，分别在1873年、1903年和1916年，这已经足够说明问题了。

　　仅有商业银行财务统计刊物提到过这个组织。看得出来，有关银行业务的综合数据就是代表大会对俄国史研究做出的重要贡献。所以，关于代表大会史研究的问题可能仅仅根据商业银行财务统计处理被提出。有关银行家代表大会历史研究的文献资料很少。机关档案没有保存下来，[②]所以，仅存的为数不多的信息大部分都刊登在代表大会自家的刊物上。除数量数据以及短序外，统计刊物还刊登出第一次[③]和第三次代表大会[④]的资料。关于这一问题的主要资料来源是1918年出版的《股份商业银行及其代理机关代表大会经营活动概览》。[⑤]该刊物的第一部分阐述了1873～1916年机构发展史。1917～1918年

①　Об этом см.: Воронцова Е. А. Предпринимательские организации российской буржуазии (к историографии проблемы) // Проблемы историографии и истории культуры народов СССР. М., 1988.

②　В РГИА имеется только 18 единиц хранения за 1908—1917 гг. (Ф. 1533). См.: Путеводитель по ЦГИА СССР. Л., 1956. С. 463.

③　Первый съезд представителей акционерных банков коммерческого кредита. Отчет. СПб., 1875.

④　Съезд представителей акционерных банков коммерческого кредита. Отчет о трудах III съезда. 9—11 июня 1916 г. СПб., 1916.

⑤　Обзор деятельности Съездов представителей акционерных коммерческих банков и их органов. 1 июля 1916 — 1 января 1918 г. Пг., 1918.

还出版了日常工作简报①以及一些其他方面的资料。②

　　就 1864～1894 年这个时间段，我们掌握的仅有 1875 年出版的第一次代表大会例会的详细报告，以及 1918 年准备出版的委员会发展史概论。发展史概论给人们留下这样一种印象：在代表大会的组织活动中起主导作用的并不是银行家本人，而是那些国家机关的代表。推动第一次代表大会召开的正是俄国国家银行行长 Е. И. 拉曼斯基，但值得注意的是，在他的回忆录里，拉曼斯基虽然对自己参与这次大会活动的情况只字未提，但是代表大会委员会多次强调这次会议在银行发展史上的重大意义。③还有一点必须提到，委员会统计工作组织积极大胆地启用财政部及俄国国家银行的专职人员。

　　从目前手中掌握的文献资料看，我们根本无法弄清楚，如何将这些银行归入自己的组织。有一点很清楚，银行投入资金用以维持委员会的运转并开展统计工作，银行还会响应委员会的某些建议。同时，1886～1894 年，委员会停止了正常工作，其原因恰恰是资金短缺。但最主要的是，银行在任何情况下都没有表露出试图通过代表大会解决一些普遍问题的态度。第一次世界大战期间银行需要得到真正保护，只是当时银行机构的经营活动被赋予了新的目的和

① Съезд представителей акционерных банков коммерческого кредита. Бюллетени. С сент. 1917 по апрель 1918.

② О желательных изменениях в постановке акционерного банкового дела в России. Пг. , 1917；Свод данных о переходах имуществ по договорам, опубликованным за период от 3 июня 1916 г. по 1 марта 1917 г. на основании закона 3 – го июля 1916. Пг. , 1917；Сводка ответов кредитных учреждений на вопросник по чековому праву, разосланным нидерландским правительством в 1911. СПб. , 1917.

③ Ламанский Е. И. Воспоминания // Русская старина. 1915. Т. 164.

动机。

但是，在 1873 年 11 月 24 日圣彼得堡召开的股份商业银行第一次代表大会上，从一开始就宣布了银行将最大规模地建设银行代理处的打算。拉曼斯基为大会成功召开做了很多工作，大会发言时他宣布，成立的代表大会的基本任务是规范文明经商，树立客户对商业银行的信任感，同银行领域的恶意行为做斗争，采用形式统一的财务报表，规范银行及其地区分支机构的相互关系，整顿银行间票据再贴现以及基金债券自存量的秩序，制定与俄国国家银行的相互关系原则。①

出席这次代表大会的共计 33 家商业银行，全部银行在大会资料中按银行名头依次列出。②大会选举产生代表大会书记处，其中仅有来自首都的银行代表进入了书记处，分别是拉曼斯基（来自俄国国家银行，从 1886 年开始代表伏尔加－卡玛商业银行），И. К. 巴波斯特担任代表大会主席（来自莫斯科商人银行），B. A. 良斯基和 Л. M. 罗杰达尔（来自圣彼得堡国际商业银行），И. 萨维奇（来自伏尔加－卡玛商业银行）。③

1874 年 12 月 21 日，依法核准了股份商业银行代表大会委员会条例。④该委员会承担跨代表大会的组织活动和出版任务。委员会第一任书记是卡乌夫曼和 И. C. 伊瓦申科，伊瓦申科在那个时期曾担任俄国国家银行监察员一职。

委员会及委员会办公厅用私立银行每年投资的资金开始加工整

---

① Первый съезд представителей акционерных банков… С. 6—7.

② Там же. С. 3—4.

③ Там же. С. 106.

④ Собрание узаконений и распоряжения правительства. 1875 г. № 7. Ст. 93.

理财务报表之后，银行将财务报表寄给代表大会委员会。这些材料与财政部特别信贷办公厅搜集的材料相类似。

1874～1886 年，先后有两套出版物准备出版。第一套是 1874～1875 年和 1876 年的《股份商业银行业务财务报告》，为两卷本。①每一年这项工作包括四类材料：一是会计年度月资产负债表（每家银行单独列表，内含每月 1 日开始的月资产负债表）。二是综合资产负债表（内含所有银行资产负债表，按月列表）。各表格之间的区别在于第一个表格便于计算年均指标，而第二个表格便于比较单个银行的数据资料。这两种情况的资产负债表具有了第一次代表大会确定的格式。当发生个别银行资产负债表格式不符的情况时，委员会将致电银行董事会。如果依靠这种方式在刊物上仍然不能获取信息的话，就会打个问号作为标记。三是《股份商业银行决算报告》中包含的综合流通明细表（根据决算报告的银行流通额按统一公式归结到统一表格中）。四是用卡乌夫曼的方法编制的综合损益表。

委员会出版物解决了包含在银行决算报告中的月资产负债表与年度总资产负债表的对应问题。年度资产负债表的数据开始被列入流通明细表，这个明细表分为以下几类：（1）上一年度 12 月 31 日余额；（2）会计年度的账户进项；（3）会计年度的账户科目支出；（4）本年度 12 月 31 日余额。第一条和第四条是上一年度和本年度 12 月 31 日最后资产负债表中的数据。

从出版 1874 年全年数据开始，这个方法立刻得到运用。但只

---

① Отчет по операциям акционерных банков коммерческого кредита. Т. 1 – 2. За 1874 – 1876 гг. СПб. ， 1877 – 1878.

是到了 1905 年，卡乌夫曼推出的这个方法才有了公开的清晰明确的表述。《短期信贷统计：1894～1900 年股份商业银行信贷业务》前言解释说，……综合流通明细表中期初期末余额同月资产负债表期初期末余额存在一定出入的原因是，综合流通明细表包括年度财务报表附件里的最后资产负债表余额。"综合月资产负债表"里包括每月刊登出的银行定期资产负债表，并且在编制会计年度最初几个月到会计年度末科目完成的资产负债表时，并没有列入总结项，那些项目让绝大多数业务余额稍加变动。委员会办公厅将没有总结项的月资产负债表列入综合流通明细表中，其目的是更加平均和正确地比较会计年度内每月 1 日的结余额，也是为得出各项业务年均数据内含的最为正确的结论。①

初看上去，同一个日期编制的月资产负债表和年资产负债表不应有区别，因为资产负债表就是一份文件，文件里面记录着一定时期某个时刻账面上的资金余额。但是，这里还是存在区别：根据损益表，月资产负债表的特点是科目支出稍微高一些。差别的原因与在编制年资产负债表时要对会计账簿进行详细审计有关。这样，年资产负债表不是月资产负债表的副本和拷贝，但是在它们的数字中也没有根本区别。

《股份商业银行决算报告》同《俄国银行统计》的继承关系同样在第二卷里表现出来，其中对 1869～1876 年银行的月经营状况及重要业务项目的变化做了比较性的分析概述。因此，卡乌夫曼的数据在代表大会委员会出版的刊物上得以重新构建。

---

① Статистика краткосрочного кредита. Операции акционерных банков коммерческого кредита. Т. 1. 1894—1900. СПб., 1905, Предисловие.

第二套出版物即《俄国信贷机构年鉴》，一式四期，其中加工整理了 1877 年、1878 年、1879 年、1880 年和 1881 年的数据资料。[1]这个出版物的纲要与《股份商业银行决算报告》完全吻合。它们之间的主要区别在于，《俄国信贷机构年鉴》原则上扩展了研究对象范围。这个出版物从第一期到第三期含有俄国全部信贷机构的统计信息，而第四期仅含有那些提供商业短期贷款的信贷机构，也就是股份银行、互助信贷社以及城市公立银行的统计信息。俄国国家银行的商业信贷业务也属于这个范畴。

1864～1894 年财务统计史第一期出版物与最后一期出版物的主要区别在于，对银行及其分支机构的对应关系问题存在不同的解决方案。在早期，银行分支机构的统计工作独立于董事会而单独存在，而且，就自己的地位和意义讲，这些分支机构实际上相当于单个银行。这允许我们从区域角度去审视银行问题。

卡乌夫曼是研究俄国银行地理学的奠基人。他详尽研究了银行区域划分的原则，1864～1881 年出版财务统计刊物时使用了这个原则。俄国银行体系的实质在于，银行及其分支机构根据它们的位置而合并成一组。最初卡乌夫曼把银行分部划分为圣彼得堡、莫斯科、西部、南部、中央和东部区域。在这个体系中，俄国新旧首都是分开的。西部区域包括波兰、沿波罗的海地区、白俄罗斯、俄国西北省份；南部区域包括乌克兰、俄国南部省份、北高加索和外高加索；中央区域包括俄国中心省份和伏尔加河流域。俄国银行体系形成时期，东部区域只包括董事会设在叶卡捷琳堡的西伯利亚贸易

---

[1] Ежегодник русских кредитных учреждений. Выпуски I—IV. За 1877 – 1881 гг. СПб. , 1880 – 1886.

银行。稍后，在 70 年代下半期，银行区域分布划分为北部区域（乌拉尔和沿乌拉尔河流域）、西伯利亚区域（伊尔库斯克、托木斯克）和东南区域（南伏尔加河、南乌拉尔）。

本书不从历史地理学角度对这种区域划分方法做科学评价。但是，我们发现，要考核的银行体系中的单位并不是银行，而是银行的分支机构，这些分支机构具有许多优点。例如，在这种情况下，圣彼得堡国际商业银行设在基辅和哈尔科夫的分部，莫斯科贸易银行设在敖德萨的分部都被划归南部区域；华沙商业银行在首都的分部归属于圣彼得堡区域，但是银行董事会却设在西部区域。由此我们掌握了 1864 ~ 1881 年的数据资料对整个银行体系展开区域性研究。

从 90 年代开始，代表大会委员会完全转向研究刊物出版方法的问题，在这种方法的指导下，银行总行成为唯一的研究对象，而银行分支机构的运营情况只在每月《股份商业银行综合资产负债表》附件中有限地涉及。[①] 所以，当 1895 ~ 1916 年银行代表大会的统计刊物揭示了圣彼得堡、莫斯科以及外省银行的经营状况时，这完全不意味着这些刊物已指出圣彼得堡、莫斯科及外省银行的业务规模。在这种情况下，我们与之有业务往来关系的银行，其董事会位于上述指出的地点和区域。

总之，可以肯定的是，80 年代的银行财务报表，继而90 年代代表大会委员会的出版物中，都缺少各经营地区系统性的资料。关于这点，我们阐明某些其他意见。根据《金融工商时报》附件中刊登的资产负债表，可以把和董事会有关的数字从各分行的累计数字里

---

① Сводный баланс акционернерных коммерческих банков. 1895—1917 гг. СПб. — Пг. , 1895 – 1917.

区分出来。所以，对于圣彼得堡银行来说可以得到首都和国内所有其他地区开展业务单独的数字。莫斯科完全是另外一种情况：圣彼得堡银行设在莫斯科的分支机构与这些银行设在其他省城的分支机构并无区别。结果，根据财务报表的数据资料，我们无法正确地计算莫斯科银行业务在商业银行体系中所占份额。但是，这并不能阻止根金创办《俄国商业银行》的《统计附录》，因为按他的观点，"圣彼得堡银行驻莫斯科分支机构的业务占全部圣彼得堡银行业务的比例很低"，对此完全可以忽略不计，尽管根金没有增添数据来让自己的结论变得更加有分量。[1]他甚至还指出，莫斯科银行驻圣彼得堡分行的业务比重是很大的，但之后又肯定地说，莫斯科银行的业务应该完全划归莫斯科（属于外省的联合银行分支机构除外）。[2]因此，虽然《俄国商业银行》的《统计附录》对各地区表格的绘制并不完全有错，尤其是莫斯科方面的数字明显偏低，但是，较准确地评价这一点也是不可能的。

　　不过，其他革命前的出版物中有关于银行业务地区分配方面系统性的资料。这些资料与银行代表大会委员会无关，但和俄国国家银行统计部门的工作有关。这些资料实际上还没有人研究过，但是，它们与委员会统计数据的快速比较令我们可以推测出，俄国国家银行按照与财务报表不相符的特别计划搜集了信贷机构的统计数据。[3]

　　1864～1881年的出版物与1895～1917年的出版物之间存在本

---

[1]　Гиндин И. Ф. Русские коммерческие банки. С. 388.

[2]　Там же.

[3]　Напр., см.: Краткие балансы кредитных учреждений за 1912—1915 гг. / Сост. под ред. дир. Госбанка Е. Н. Сланского. Пг., 1916. Их использование: Бовыкин В. И., Петров Ю. А. Указ. соч. Часть 5. Банковская провинция императорской России. С. 285—314.

质性区别，即损益表制作方法。问题在于，不是所有资产业务到12月31日会计核算日时就结束了，某些业务还要持续到下一会计年度，但是，这时已经完成了全年计息和利润的加算。因此，许多银行的财务报表中不仅指出业务的收入额，而且指明这些收入的哪些部分应该在下一个会计年度扣除掉。19世纪末20世纪初，计算银行总利润和总支出时，业务收入扣款不予考虑，而19世纪70～80年代的收入扣款却被用于各项开支。结果，这个时期的年度总利润和总支出明显超出下一会计年度的扣款额。不过尽管总利润和总支出都被高估，但这不影响所有财务统计刊物中纯利润的计算，纯利润保持了同一样式。

还有更加复杂的情况，因为一些银行展示的是加算收入和下一会计年度的扣款，而其他银行在财务报告中指出的是已经清除移入下一会计年度的款额的扣款。因此，确切地说，19世纪70～80年代的统计刊物中的数据资料，稍稍违背会计核算可比性原则。虽然其中的差距不大，但是，根据更晚一些的通过从总利润和总支出中预先扣除下一会计年度扣款这一方法得出的数据资料，我们可以轻松地列举出总利润和总支出的数字。

## （四）1886～1894年俄国国家银行统计刊物出版的筹备工作

从1886年开始，在第四期《俄国信贷机构年鉴》出版后，由于缺少拨款资金，银行代表大会委员会的活动停了下来。但是，从银行机关史概要中可以得知，俄国国家银行仍然在继续银行统计这项工作。①银行代表大会委员会前任书记伊瓦申科主持工作。伊瓦

---

① Обзор деятельности съездов…С. 16.

申科认为, 银行统计对于国家银行而言相当重要, 也是必须要做的工作, 他指出这项工作具有重要的意义。同时, 伊瓦申科先是担任监察员一职, 后来又担任存款部门的经理, 最后就任领导岗位。根据银行代表大会委员会的信息, "伊瓦申科利用手中权力和职务之便, 委托 1886 年归 H. M. 波波夫领导的俄国国家银行统计部门编制股份商业银行月综合资产负债表, 并将总结果印刷出版分发给各地区。到 1895 年, 这些月资产负债表一直由俄国国家银行的两名前工作人员 A. И. 玛斯洛夫和 Г. K. 普拉基岑加工处理。俄国国家银行出版的私营银行月资产负债表被分送给遍布全俄的股份商业银行董事会、公共和学术图书馆以及对财经金融问题感兴趣的个人"。①

## （五）1864~1894年阶段总结

1864~1881 年财务统计刊物格外翔实, 最大限度地呈现了银行财务报表数据。这些资料汇编含有的信息是一致的, 相互完全具有可对比性。我们仅有 1864~1873 年主营业务项的汇总数据, 也就是会计报表账户的数据, 而在 1874~1881 年, 根据会计报表所有账户、全部种类财务报表的完整汇总编写完成。这个时期一般以银行的构成部门——董事会或分支机构为一个核算单位, 它们可按地区分组。考虑到地域特点, 可以肯定的是, 作为经济生活的一部分, 与接下来的时期相比, 商业银行在早期统计中得到更加完整的揭示。

1864~1881 年推出的三套出版物中, 其中两套含有的不仅仅

---

① Там же.

是股份银行方面的数据。中央统计委员会出版的《俄国银行统计》适用于所有信贷机构。对于全俄统计机关来说，拥有如此规模的研究对象可以被理解为理所当然。《俄国信贷机构年鉴》却是另一番情景，它包含了俄国整个信贷体系的数据资料，但是，出版的范围和资金来源却局限于股份商业银行代表大会规定的框架。鉴于此，有理由指出革命前信贷统计部门之间的矛盾关系。在银行代表大会委员会工作的中央统计委员会、俄国国家银行与财政部的专家，既是实践家，同时又是研究者，他们感兴趣的是尽可能广泛地涵盖所研究的现象，他们把这些现象理解为是对信贷机构整体上的统计。但是，银行的机构组织曾是这些研究的中心，银行代表大会委员会仅仅依靠商业银行拨款维持其运行。鉴于此，自然会产生一种推测，私营银行不会长时间容忍这样一种制度存在，尤其是这种使用私营银行资金去处理和出版其他信贷机构统计数据的制度。况且，19世纪80年代的俄国银行体系正处在非常时期。有可能正是由于这个原因，银行代表大会委员会最终不再获得维持自己运行的资金支持：根据第一次代表大会决定，注入委员会的资金完全出于自愿，私营银行也没有什么可值得拒绝的。不过，将私人资金吸引投入本质上说是国家的，更确切地说是行业部门的统计工作，能使统计工作进行得更快，能够更大规模地展开。

因此，财政部、俄国国家银行与银行代表大会的相互关系成为官办与私营机构相互影响的一个重要范例。对它们的评价不应该是单纯意义上的，因为官办和私营信贷机构之间毕竟存在严重的利益分歧。出于这个原因，国家不会合理地动员私人资金用于必要规模的统计工作的开展。但是，如果没有国家信贷机构倡议，俄国私营银行财务统计处理制度就未必会诞生。

# 二　第二阶段：1895～1917年
## 股份商业银行代表大会委员会出版活动

商业银行财务统计史的第二阶段，即1895～1917年，与革命前俄国经济发展史上最突出的且饱含事件的时期相吻合。第一次世界大战前，俄国经历了1893～1898年和1909～1913年两个工业迅猛发展时期、危机时期以及1899～1908年工业增速放缓时期。

从19世纪末开始，俄国信贷体系全方位地急速扩大业务规模。1896～1897年币制改革稳定了俄国的外汇，保证了国家金融秩序的长期稳定性。

19世纪末的工业高涨引起有价证券市场急剧膨胀。90年代的俄国迎来了自1860～1870年以来第一次空前的交易繁荣。第一次交易热恰逢1894～1895年，之后经历了1896年严重的交易所危机，1897～1899年证券市场开始了新一轮的迅猛扩张，直到1899～1902年再度爆发危机。

从1900年开始，银行业务结构发生重大变革，朝着多元化和提高诚信的方向发展。首都银行不断地扩大外省分支机构网络，竭力提高对贸易和工业融资的重视程度，保持和加强同存活下来的融资企业的联系。一战前经济上升时期，首都银行在国家信贷体系中占据优势地位，最终它们成长为实力雄厚的综合银行，成为有权威和影响的金融工业财团的核心。

在革命前二十年的时间里，俄国非同寻常的发展动态引起社会生活几乎所有领域信息需求量的增长。特别是要求管理人员必须扩大涉及个别部委管理问题的信息采集与分析活动。90年代，财政部积极开展获取和处理各类信贷机构传递信息的组织工作。

1895 年初，受财政部特别委托，A. K. 戈鲁别夫向曾任俄国国家银行行长、时任伏尔加－卡玛商业银行委员会主席的拉曼斯基建议，有必要恢复银行代表大会委员会的活动。在提出建议之前，拉曼斯基是 1873 年选举产生的银行代表大会执行局唯一一位健在的成员。他支持戈鲁别夫的倡议，致信股份商业银行董事会，信中他提出了各家银行应该积极参与委员会工作，资助委员会办公部门维持正常开销。①

大多数私营商业银行响应拉曼斯基的号召，银行代表大会委员会的出版活动从 1895 年 7 月 1 日开始恢复。委员会邀请俄国国家银行官员波波夫、马斯洛夫和普拉基岑参与具体工作。1896 年下半年，H. M. 伊斯梅洛夫进入委员会，他也是俄国国家银行的官员，在银行的地方信贷部门就职。应拉曼斯基的请求，戈鲁别夫担任委员会总领导。

1895 年，银行代表大会委员会在圣彼得堡终于拥有了自己固定的办公地点（伏尔施塔茨卡娅街 44 号楼），办公楼安置费用主要依靠前期出版活动的余款支付。

委员会出版活动的预算经费十分微薄。私营银行于 1895 年投入 6871 卢布，1896 年投入 6870 卢布，1897 年投入 5810 卢布，1898 年投入 5725 卢布，1899 年投入 5705 卢布，1900 年投入 4770 卢布，1901 年投入 3225 卢布。委员会书记戈鲁别夫和

---

①　Там же. С. 17.

他最信任的助手波波夫（1916 年担任国家储蓄银行总会计师）最初几年做的工作都是无偿的，他们没有拿一分酬金，其他工作人员每人每年得到 600～720 卢布的报酬。[①]委员会认为，单凭这些资金是无法开展出版活动的，但不管怎样，出版活动还是拉开了序幕。

这个新集体着手的第一件事就是推出月刊《股份商业银行综合资产负债表》。[②]该刊物出版到 1917 年春天，它无疑是委员会出版活动成功的标志。相比于先前的历史时期，虽然资产负债表的格式并无改变，但是很多账户科目登记得反而更加详细，这是因为银行在自己报表中开始给出分类更加多样化的信息，尤其涉及同业代理银行的账户以及无担保有价证券业务。该出版物将银行全部资产负债表逐月归结到一张表格中，表格中的研究对象是银行，而表格的标志就是资产负债表各科目。

90 年代，出版活动的新动向是开始出版咨询手册。这类出版物的产生完全是物质方面的原因。筹备出版这种手册是因为它利于销售，所得收入能弥补委员会预算开支的不足。1873 年出版了第一批手册《俄国银行》，之后 1897 年、1899 年和 1908 年陆续出版了几批。[③]出版物包括除小型信贷机构外的所有其他信贷机构（贷款储蓄社、储蓄所和农村银行）信息。官办信贷机构包括俄国国家银行以及其办事处及分行、国家储金局、贵族土地银行、农民土

---

① Там же.
② 1895～1917 年股份商业银行综合资产负债表。
③ 《俄国银行》（1895、1896、1898、1907 年），圣彼得堡，1896、1897、1899、1908，俄国境内运营的官办及私营公共信贷机构咨询手册及统计信息。

地银行及分支机构、放款处。私营信贷机构包括股份商业银行、互助信贷社、股份土地银行、基于互助和平等阶层基础的长期信贷社、城市信贷社、城市公立银行、私营典当银行和城市典当银行、城市储蓄行、农村公立银行以及工业家放款处。

手册印制计划包括信贷机构的邮政、电报地址，固定资本和准备金，股票的票面价格，近三年纯利润和红利，近五年股票交易价，业务一览表，银行发行有价证券的支付地点，以及董事和理事个人股票红利发放的信息。

手册附有墙式表格，上面指明了开立信贷机构的所有城市名单。委员会证实，咨询手册出版十分成功，在首都和外省一路畅销。[1]

委员会其他两套手册[2]不包括任何统计信息，里面含有各个城市和其他居民点的清单，这些地区分布着所有类型的信贷机构及其分支机构。1918 年，委员会出版了它的最后一本手册。[3]

委员会另一项出版计划是一年两次（1 月 1 日和 7 月 1 日）出版互助信贷社的资产负债表。[4]这与 1898 年在拉曼斯基主持下在圣彼得堡举行的第二届互助信贷社代表大会有关。代表大会提

---

[1] Обзор деятельности съездов…С. 17.

[2] 第一系列，4 卷本：A. K. 戈鲁别夫《俄国银行》，内有 1907 年 4 月 15 日前信贷机构及其分支机构的城乡名称一览表（分别到 1909 年 6 月 15 日、1910 年 12 月 15 日和 1912 年 2 月 1 日），圣彼得堡，1907 ~ 1912 年。第二系列，4 卷本：《1913 ~ 1916 年的俄国银行》，内有 1913 ~ 1916 年 1 月 1 日前信贷机构、国家银行下属粮食仓储部门以及公证处的城乡名称一览表，圣彼得堡，1913 ~ 1916 年。

[3] Русские банки в 1917 г. : Справочные сведения о банках с перечнем кредитных учреждений по городам и селениям. Пг. , 1918.

[4] 《1895 ~ 1902 年、1903 年 1 月俄国运营的互助信贷社综合资产负债表》，圣彼得堡，1895 ~ 1903 年。

出在商业银行委员会属下组建特别执行局，该机构负责编辑和出版第二届互助信贷社代表大会的著作成果，为此拨款 3000 卢布予以支持。

1898～1903 年，委员会是股份银行和互助信贷社唯一一家代表机关。按委员会的观点，这不是因为许多不现实的原因，而是因为拉曼斯基和戈鲁别夫他们本人亲自参加了第二届互助信贷社代表大会。[1]

这样，最初十年，恢复出版活动的委员会将银行月资产负债表、互助信贷社资产负债表（一年两次）及其手册列入出版计划。也是在那个时期，俄国开始准备出版基础类统计著作《短期信贷统计：1894～1900 年股份商业银行业务》。该著作于 1905 年问世，即在委员会史上重大事件发生之后。

1902 年 1 月 31 日，拉曼斯基去世。1902 年 9 月 24 日，戈鲁别夫致信银行董事会，他在信中谈道："拉曼斯基是委员会唯一一位主席，他去世后，必须选举产生委员会主席及成员，以解决统计机关以后生存的问题。"[2]为此，他建议于 1902 年 11 月在伏尔加 - 卡玛商业银行召开银行代表特别会议。通告这件事后，戈鲁别夫在信中指出，委员会应有 1 万卢布的资金，有办公设备、档案馆和图书馆。[3]大多数银行都响应戈鲁别夫信中的建议，同意出席会议，这次会议成为股份商业银行第二次代表大会。

第二次代表大会在 1903 年 4 月 5 日开了整整一天。10 家银行的代表参加了这次会议，他们还拥有代表 11 家银行的全权表决

---

[1] Обзор деятельности съездов…С. 18.
[2] Там же. С. 18—19.
[3] Там же. С. 19.

权。A. Ф. 穆欣（伏尔加－卡玛商业银行）新当选为银行代表大会主席，A. Я. 波默（副主席，俄国外贸银行）、E. A. 泽林斯基和 Я. И. 乌金（圣彼得堡贴现贷款银行）、П. A. 科尔萨科夫和候补代表 A. A. 韦尔特（亚速－顿河商业银行）进入新委员会委员名单。

委员会在会上提交了 1895～1903 年①的财务报表，其中指出，银行总共投入 67239 卢布 30 戈比维持委员会运行，而实际支出费用为 56532 卢布 6 戈比。代表大会审核了委员会办公部门的支出预算，预算额定为每年 15000 卢布，目的是使这个数额从 1903 年开始每年在那些愿意将委员会统计活动继续下去的股份商业银行之间分配。需要依照财务预算年度 1 月 1 日前固定资本和准备金的数额决定缴费金额，但是，单个银行年缴费用应在 100～1000 卢布，四舍五入后取整数。②

第二次代表大会停止了委员会对互助信贷社财务统计的加工处理。下令将之前互助信贷社转给委员会的 3000 卢布中的余额返还给第二届互助信贷社代表大会特别执行局。

戈鲁别夫受邀担任代表大会委员会书记，月薪为 3000 卢布，波波夫担任他的助手，月薪为 1200 卢布。

1903 年 6 月 18 日，俄国召开了恢复委员会后的第一次例会。会上阐明了着手研究、解决要求银行实务一致性方面的共同问题的构想。1903 年 12 月，委员会向各银行发去咨询书，请其提出各自在印花税法和票据法这两项新法令实施时遇到的困难、解决办法及

---

① 历史概要中提到的就是这个日期，尽管 1903 年 4 月 5 日原本可以提交更多的整个 1902 年度财务报表。

② Там же. С. 22.

良好建议。但只得到一家银行的回应。结果，委员会的社会活动并没有达到预期效果。1903 年 6 月到 1910 年 4 月这一时期，委员会总共召开 10 次例会。银行的生存问题，已经远在委员会所能掌控的范围之外，没有委员会的参与，俄国银行业同样逐渐得到加强，渐渐发展起来。①

对于委员会的工作人员来说，出版活动是其工作重心。1905 年，财务统计史发展第二阶段最著名的著作，即《短期信贷统计：1894～1900 年股份商业银行业务》问世。②这个出版物分别从财务报表本期发生额、损益表及月资产负债表三个账户，重复完成了 1874～1876 年《股份商业银行决算报告》以及 1877～1881 年《俄国信贷机构年鉴》的出版计划。所有银行每月 1 日的综合资产负债情况都全部刊登在上文已经提及的月刊《股份商业银行综合资产负债表》中。

在《短期信贷统计》中只体现股份商业银行的信息。现在，银行整体作为一个核算单位，分支机构的统计与董事会的统计合二为一。出版物的补充表格内含有商业银行每月股票交易价格动态数据资料。

最初的设想是，《短期信贷统计》以两卷本形式出版。但是，1910 年出版的第二卷只含有银行 1901～1908 年的月资产负债表，上面标明为第二卷的第一部分。第二部分到最后也没有出版（它本应该含有银行年度报告的研究分析数据：发生额数据和损益表）。

这给人们留下一种印象，委员会明显高估了自己的能力。1910

① Там же. С. 23.
② Статистика краткосрочного кредита. Операции акционерных банков коммерческого кредита. Т. 1. 1894—1900. СПб. , 1905.

年继续处理 1901~1908 年的统计数据，对于将工作重心定位为满足信息实际需求的委员会来说，这是业务效能上的重大损失，失去了工作灵活性。新经济形势下，资产负债表刊物的出版计划需要制定得尽可能详细。委员会出版的月刊《股份商业银行综合资产负债表》中的数据按月系统化，两卷本《短期信贷统计》中的数据按银行得以系统化，但是上述两种情况下处理的数据组实际上是同一组。《股份商业银行综合资产负债表》的出版稍有拖延，因为这是月刊。基于月刊公开出版的情况，翻印《短期信贷统计》中的资产负债表看来多此一举。月资产负债表重复出现的统计实践早在80 年代的统计出版活动中就已经存在。20 世纪最初 10 年里，委员会再次承认了这些信息是多余的。

从这时候开始，委员会尝试着迅速补救 19 世纪 90 年代统计工作漏洞。这个问题由 1911~1912 年三本刊物刊载的发生额部分汇总信息、1901~1910 年损益表部分汇总表以及上面某些补充信息加以解决。其中，第一本刊物即《股份商业银行十年活期往来账户、储蓄存款和债务》①含有发生额及负债账户支付利息：存款、活期往来账户、再贴现和再抵押业务。第二本刊物是《股份商业银行十年贴现贷款业务》②，包括了信贷业务（贴现和贷款）方面的发生额及利润汇总表。第三本刊物是《股份商业银行分支机构数量、资本和利润》，其中含有银行分支机构资本、利润和亏损总额等信息。③这个出版物是手册的形式，是统计信息的扩展版。

---

① 《股份商业银行十年活期往来账户、储蓄存款和债务》，圣彼得堡，1912。
② 《股份商业银行十年贴现贷款业务》，圣彼得堡，1912。
③ 《股份商业银行分支机构数量、资本和利润》，圣彼得堡，1911。

因此，通过这三种刊物的发行，代表大会委员会以比之前更加概括的形式成功地展示了发生明细表和损益表信息。但是，银行统计通常采用的基本账户科目分组并没有被打乱。委员会拒绝的只是资产负债表列出数据的格式问题，由于这一点，已经没有必要再去汇总小账户科目的信息。就自身性质来讲，这些出版物具有主题明细账性质，而不是资产负债表表格的性质，也就是其中含有的仅仅是基本账户科目信息，那么作为委员会所有先前已出版的出版物中使用的资产负债表表格，要求必须拥有全部资产负债表科目的完整信息，甚至是对评价银行财务状况并不是很有意义的其他信息。

1911年4月，被任命为俄国国家银行委员会委员的戈鲁别夫离开了委员会，接替他的是 B. M. 鲁萨科夫。委员会的预算从15000卢布减少到1904年的10000卢布，1906年减少到9000卢布，1909年减少到8850卢布。委员会每年的实际开销在8500～9500卢布，1914～1916年，由于通货膨胀，年实际开销在16000～20000卢布。

从1912年开始，委员会的出版活动迎来了新的历史发展时期。银行资产负债表方面的信息，只可见于1895年创刊的《股份商业银行综合资产负债表》。为公开银行年度综合财务报告，俄国开始推出新系列的期刊出版物，即《俄国股份商业银行决算报告》。[①] 1912～1916年，共出版5期，其中刊登了1911～1915年的财务数据资料。第1期刊出的是1911年数据信息，在所有

---

① 创刊号的名称为《1911年俄国股份商业银行经营活动数字数据》（圣彼得堡，1912），接下来出版物的名称为《1912～1915年俄国商业银行决算报告：与1911～1914年相比》（圣彼得堡，1913～1916）。

接下来的几期刊物里，就开始出现现年与前些年的比较信息。例如，1912 年与 1911 年比较的资料。这是革命前俄国财务统计推出的最后一套出版物。这个系列仍然保留了之前的账户科目一览表，尽管与以往出版物相比，提供的数据信息外表变化很大。整个系列提供的仅有损益表以及发生额明细表，通常，发生额明细表包含银行发生额数据以及银行年度报告中期末资产负债表中的数字。

从 1895 年恢复拨款到 1916 年第三次代表大会召开，这期间代表大会委员会从事的不仅有出版活动，而且试图成为一个保护银行小团体利益的机构，但此举并不顺利。银行对机构的工作范围没有表现出足够的兴趣。其原因可能是银行体系内部不可避免的利益冲突，这些冲突因为数不多的市场主体而起。

还有一点应该考虑到，单个银行财团内部的团体关系脱离银行代表大会维持着。例如，位于圣彼得堡的银行出于交流需要，经常在圣彼得堡贴现贷款银行的办公楼召开私人会议，由乌金亲自主持。在乌金的主持下，问题在私人会议上得到解决。这类会议很多，特别在第一次世界大战期间，当与违反财务流水作业有关的问题使银行大举合并的时候，会议经常召开。1915 年 7 月 14 日到 1916 年 3 月 15 日意向有 19 次这样的会议，其中讨论了使用战时法律、捐款、发行国债、根据战时情况的相互结算问题。[1]

因为是在第一次世界大战期间，所以银行找到了很多借口，它们开始集体性地维护自身利益，银行对第三次代表大会的工作表现

---

[1] Обзор деятельности съездов⋯С. 32.

出了极大的兴趣。

1916 年 6 月 9 日，第三次代表大会开幕，来自 43 家银行的 115 名代表出席会议。根据代表大会参会条件，固定资本少于 1000 万卢布的银行有 1 票表决权，固定资本在 1000 万～2500 万 卢布的银行有 3 票表决权，超过 2500 万卢布资金的银行有 5 票表 决权。表决权可以转委托，但是每个代表大会的参加者不能多于 10 票表决权。乌金（圣彼得堡贴现贷款银行）当选为代表大会主 席。进入大会主席团的有来自圣彼得堡的 A. И. 维什涅格拉茨基 （圣彼得堡国际商业银行）、A. И. 普季洛夫（俄亚银行）、Л. Ф. 达维多夫（俄国外贸银行），来自莫斯科的 A. Д. 施莱辛格（莫 斯科商人银行）和 A. H. 奈焦诺夫（莫斯科贸易银行）当选为大 会主席团成员。①

第三次代表大会通过了委员会组织机构的改组计划，目的是 使新组织机构成为银行代表处的实际机构。大会提出了把银行代 表大会变成具有社会政治意义的机构的工作方针。但是，股份商 业银行代表召开的这次代表大会没能来得及按照大会精神以及大 会赋予它们的历史使命开展工作。不过，战时的独特性为这一时 期委员会的积极活动打上了特殊的历史烙印。正是在那个时期， 俄国银行具备了解决国家和民族面临的共同问题即战时问题的现 实基础。

从 1916 年开始，代表大会委员会的资料中出现了各种各样的 日常活动信息：协调结算问题；参与发行战时国债；拨款资助国家 垄断专营、粮食收购、制糖业、棉纺织工业、燃料加工工业；向地

---

① Там же. C. 40.

方自治机构及各城市借贷；商讨外汇和交易所问题；无期贷款的延期支付问题；调整宣告已被偷盗和丢失的有价证券的流通；调节与不友好国家公民、机构及部门的关系；商讨不友好国家公民拥有的有价证券、票据丢失的问题；等等。

委员会开始出版关于自己日常活动及其他方面资料的定期刊物。①但从整体上看，委员会运行最后时期所做到的，更多情况下是带有各种意图的空口声明，而不是实实在在地行事做事。动荡的岁月、不稳定的社会环境，对于银行经营活动来说永远不是适宜的。1918 年，股份商业银行代表大会委员会连同银行一起成为历史财富。

## 三 总结：商业银行财务报表刊物一览

股份商业银行代表大会委员会活动成果总结如下：成功出版 1874～1917 年银行统计数据，这些资料是加工处理大部分综合的公开的银行财务报表的结果。由于委员会统计学家的工作，我们可以对综合银行财务出版物开展研究，为此，数据加工的方法和指标必须具有继承性。1874～1881 年、1894～1900 年、1911～1915 年这三个时期，银行财务报表在汇编刊物中完整出版。早期的 1862～1873 年及 1901～1910 年，只有基本账户的数据信息。

汇编统计刊物中 1882 年至 1895 年上半期的数据缺失。这个空白点可以根据财政部周刊以及银行年度决算报告中的材料弥补，它

---

① 1917 年 9 月～1918 年 4 月，《股份商业银行代表大会》通告。

们以单册的形式出版。但是，不同形式的财务报表以不同的完整程度体现在这些出版物中。

银行月资产负债表的编制工作最为顺利（见表3－1）。1864～1917年，我们手中拥有整个这一时期的汇编统计刊物可供研究使用。缺失的1882～1894年汇总数据部分可以通过财政部每周推出的统计出版物得到补充。

表 3－1　股份商业银行月资产负债表公告

| 年份 | 第一手数据 | 综合数据 |
|---|---|---|
| 1864 | | 1864～1873年：《帝俄统计期刊》系列Ⅱ，第11辑；《俄国银行统计》第二部分，圣彼得堡，1875 |
| 1865 | | |
| 1871 | | |
| 1872 | | |
| 1873 | | |
| 1874 | 《财政部政府命令索引》（1872～1882年） | 1874～1876年：《股份商业银行决算报告》第1～2卷，1874～1876年，圣彼得堡，1877～1878 |
| 1875 | | |
| 1876 | | |
| 1877 | | 1877～1881年：《俄国信贷机构年鉴》，第Ⅰ～Ⅳ辑，1877～1881年，圣彼得堡，1880～1886 |
| 1878 | | |
| 1879 | | |
| 1880 | | |
| 1881 | | |
| 1882 | | |
| 1883 | 《财政部政府命令索引：金融工商时报》（1883～1884年） | 1882～1894年：综合数据空缺 |
| 1884 | | |

续表

| 年份 | 第一手数据 | 综合数据 | |
|------|-----------|---------|---|
| 1885 | | | |
| 1886 | | | |
| 1887 | | | |
| 1888 | | 1882～1894年：综合数据空缺 | |
| 1889 | | | |
| 1890 | | | |
| 1891 | | | |
| 1892 | | | |
| 1893 | | | |
| 1894 | | | |
| 1895 | 1885～1917年：《金融工商时报》《信贷机构资产负债表》(周刊) | 1895～1917年：《股份商业银行综合资产负债表：1895～1917年》，圣彼得堡，1895～1917 | 1895～1908年：《短期信贷统计：1894～1900年股份商业银行业务》第Ⅰ卷，圣彼得堡，1905；《短期信贷统计：1901～1908年股份商业银行业务》第Ⅱ卷，圣彼得堡，1910 |
| ... | | | |
| ... | | | |
| 1908 | | | |
| 1909 | | | |
| 1910 | | | |
| 1911 | | | |
| 1912 | | | |
| 1913 | | | |
| 1914 | | | |
| 1915 | | | |
| 1916 | | | |
| 1917 | | | |

　　《金融工商时报》《信贷机构资产负债表》附件中缺失个别银行月资产负债表资料。缺失的这部分内容在某种程度上可以依靠银行年度资产负债表弥补，这些年度资产负债表从1886年开始可以

在另一个附件即《责任公开企业财务报表公告》（见表 3 - 2）上
见到复印件。

表 3 - 2　股份商业银行损益表公告

| 年份 | 第一手数据 | | 综合数据 |
|---|---|---|---|
| 1864 | | | 1864～1873 年：《帝俄统计期刊》系列 Ⅱ，第 11 辑；《俄国银行统计》第二部分，圣彼得堡，1875 |
| 1865 | | | |
| 1871 | | | |
| 1872 | | | |
| 1873 | | | |
| 1874 | | | 1874～1876 年：《股份商业银行决算报告》第 Ⅰ～Ⅱ 卷，1874～1876 年；圣彼得堡，1877～1878 |
| 1875 | | | |
| 1876 | | | |
| 1877 | 1864～1917 年：银行决算报告手册，按图书索引标准编制"决算报告（银行名称、年份、出版地、出版日期）" | | 1877～1881 年：《俄国信贷机构年鉴》第 Ⅰ～Ⅳ 辑，1877～1881 年；圣彼得堡，1880～1886 |
| 1878 | | | |
| 1879 | | | |
| 1880 | | | |
| 1881 | | | |
| 1882 | | | |
| 1883 | | | |
| 1884 | | | |
| 1885 | | | |
| 1886 | | 1886～1917 年：《金融工商时报》、《责任公开企业财务报表公告》（周刊） | 1882～1894 年：综合数据空缺 |
| … | | | |
| … | | | |
| 1894 | | | |
| 1895 | | | |

| 年份 | 第一手数据 | | 综合数据 |
|---|---|---|---|
| 1896 | | | |
| 1897 | | | 1895～1900 年:《短 期 信 贷 统 |
| 1898 | | | 计:1894～1900 年股份商业银行 |
| 1899 | | | 业务》第Ⅰ卷,圣彼得堡,1905 |
| 1900 | | | |
| 1901 | | | |
| 1902 | | | 1901～1910 年: |
| 1903 | | | 　1.《股份商业银行十年贴现 |
| 1904 | | | 贷款业务》,圣彼得堡,1912 |
| 1905 | | | 　2.《股份商业银行十年活期 |
| 1906 | | | 往来账户、储蓄存款和债务》,圣 |
| 1907 | | | 彼得堡,1912 |
| 1908 | | | 　3.《股份商业银行分支机构 |
| 1909 | | | 数量、资本和利润》,圣彼得堡, |
| 1910 | | | 1911 |
| 1911 | | | 1911 年:《1911 年数字数据统计 的俄国股份商业银行经营状 况》,圣彼得堡,1912 |
| 1912 | | | 1912～1915 年:《1912～1915 年 |
| 1913 | | | 俄国股份商业银行决算报告:与 |
| 1914 | | | 1911～1914 年相比》,圣彼得 |
| 1915 | | | 堡,1913～1916 |
| 1916 | | | 1916～1917 年:综合数据空缺 |
| 1917 | | | |

　　损益表是银行年度决算报告中的一部分，其在统计刊物中没有系统地呈现出来。1882～1894 年缺失的汇编刊物只能用 1886 年开

始推出的财政部周刊弥补（见表3-2）。1882~1885年，这一时期的汇编刊物有必要参见银行年度决算手册。

1882~1894年，银行年发生额明细表的编制工作十分不顺利（见表3-3）。在这种情况下只能使用银行年度决算手册。

表3-3 俄国股份商业银行发生额信息公告

| 年份 | 第一手数据 | 综合数据 |
|---|---|---|
| 1864 | 1864~1917年：银行决算报告手册,按图书索引标准编制"决算报告（银行名称、年份、出版地、出版日期）" | 1864~1873年：《帝俄统计期刊》系列Ⅱ,第11辑;《俄国银行统计》第二部分,圣彼得堡,1875 |
| 1865 | | |
| 1871 | | |
| 1872 | | |
| 1873 | | |
| 1874 | | 1874~1876年:《股份商业银行决算报告》第Ⅰ~Ⅱ卷,1874~1876年,圣彼得堡,1877~1878 |
| 1875 | | |
| 1876 | | |
| 1877 | | 1877~1881年:《俄国信贷机构年鉴》第Ⅰ~Ⅳ辑,1877~1881,圣彼得堡,1880~1886 |
| 1878 | | |
| 1879 | | |
| 1880 | | |
| 1881 | | |
| 1882 | | 1882~1894年：综合数据空缺 |
| … | | |
| … | | |
| 1894 | | |
| 1895 | | 《短期信贷统计:1894~1900年股份商业银行业务》第Ⅰ卷,圣彼得堡,1905 |
| 1896 | | |
| 1897 | | |
| 1898 | | |

| 年份 | 第一手数据 | 综合数据 |
|---|---|---|
| 1899 | | |
| 1900 | | |
| 1901 | | 1901～1910 年：<br>　　1.《股份商业银行十年贴现贷款业务》,圣彼得堡,1912<br>　　2.《股份商业银行十年活期往来账户、储蓄存款和债务》,圣彼得堡,1912<br>　　3.《股份商业银行分支机构数量、资本和利润》,圣彼得堡,1911 |
| 1902 | | |
| 1903 | | |
| 1904 | | |
| 1905 | | |
| 1906 | | |
| 1907 | | |
| 1908 | | |
| 1909 | | |
| 1910 | | |
| 1911 | | 1911 年：《1911 年数字数据统计的俄国股份商业银行经营状况》,圣彼得堡,1912 |
| 1912 | | 1912～1915 年：《1912～1915 年俄国商业银行决算报告：与 1911～1914 年相比》,圣彼得堡,1913～1916 |
| 1913 | | |
| 1914 | | |
| 1915 | | |
| 1916 | | 1916～1917 年：综合数据空缺 |
| 1917 | | |

可以认为，银行决算报告收藏品多多少少算是系统化的，目前这些珍贵的资料只保存在莫斯科俄罗斯国家图书馆和圣彼得堡俄罗斯民族图书馆中。其他各大学术图书馆只能提供部分年代的银行年度决算报告资料。也远不是全部手册的副本在银行档案中都保存了

下来。

结果，远不是所有银行都可以弥补 1882～1885 年损益表的空白以及 1882～1894 年银行发生额信息的空白。

最早期的股份银行财务统计出版物保存得不够完整，这一点使我们再次高度评价股份商业银行代表大会委员会从事的统计工作具有重要历史意义。得益于这些统计工作的成果，史学家才能有效支配关于银行业务系统的、有代表性的且足够用于比较分析的数据资料。

第二部

1864～1917 年俄国历史上的实业

银行、储蓄银行和综合银行

（参照财务统计资料）

　　本书第二部分拟重新研究大家熟知的俄国银行史问题：新时代的俄国银行模式下，实业银行、储蓄银行及之后的综合银行或混业银行能够以什么形式、以何种程度在俄国传统土壤中生根发芽？如何适应俄国的金融传统并迅速成长？首先是关于俄国银行体系二分法的间接意见，即关于俄国实业银行和储蓄银行同时并存并逐渐按照综合银行轨迹发展的观点和看法，这些见解汇成根金的统一思想。在根金看来，储蓄银行（伏尔加－卡玛商业银行以及莫斯科"旧式的"银行，首先是莫斯科商人银行）确保了贸易资金周转以及最低限度地向工业部门发放短期贷款。这些信贷机构主要从事票据贴现及接收存款业务。实业银行（6～7家重要的圣彼得堡银行）积极参与革命前俄国工业化的融资拨款。在归纳、概括和总结个人分析以及先辈们的研究经验后，根金确切地说，重要的圣彼得堡商业银行正在重演产生于19世纪50～60年代法国和英国实业银行的模式，并且恰恰是这类金融机构能够最大限度地满足俄国实业界的需求，此时的俄国正在快速推进工业化，但是在自有资金严重不足的情况下进行的。[1]

　　革命前俄国商业银行体系二分法的思想是根金提出来的。通过将圣彼得堡"新式的"实业银行与莫斯科"旧式的"储蓄银行进行对比研究，根金提出了上述思想。这样的观点暗示着俄国首都银行业存在上升发展的空间。虽然政府实行严密的监控制度，但是这一区域的银行业仍然得到外资的大力注入并在外省支持下迅速发展。但是，外省的金融上层建筑还很落后，只能向商业贸易拨款以

---

[1]　Гиндин И. Ф. Русские коммерческие банки. М.，1948. С. 64.

利于流通周转。但是，从"新式的""旧式的"银行这一角度出发去评价信贷体系的观点还是令人难以接受的，因为，似乎如这一研究中已表明的那样，"圣彼得堡的""莫斯科的"银行的典型特征在 19 世纪 70 年代初就已明显地呈现出来，即从最初时起，这些银行模式就已在俄国存在。况且莫斯科银行业无论在哪些方面（在某种程度上）都不能被认为是古老的，这一切最终得到 Ю. А. 彼得罗夫一系列著作的论证。①

按照我们的观点，必须找到另外一种解释以便证明俄国银行体系二分法的问题。尤其是滋养实业银行和储蓄银行的这片土壤，如果可以，首先，揭示长时间里保留下来的某些业务的典型特点；其次，试图解释银行和客户彼此之间什么样的相互关系恰恰导致了这种业务结构的形成，换言之，解决所提出的问题，揭示俄国实业银行和储蓄银行能够共存的原因，归结为是对如下问题的解答：革命前俄国银行业务的"投资"特点和"储蓄"特点是什么？为此，本书揭示并比较各不同商业银行主营业务的业务量及其特点，接下来得出有关某类历史银行的这些特点具有一致性的结论。通过 19 世纪银行业的理论与实践基本可以得出这些结论。本书表明了作者在何种程度上使用了事实数据，俄国整个银行体系中这样或那样的分类特征显著到了何种程度。

在所提出的理论观点范围内，各不同业务类型的银行不应被视为 19 世纪银行业新旧两型银行相互竞争的组织上的反映，而

---

① Напр．，см. итоговую монографию по этим вопросам：Пет-ров Ю. А. Коммерческие банки Москвы. Конец XIX в. — 1914 г. М．，1998.

应看作该时代受国内外综合因素影响而产生的不同类型的金融机构。

　　本书提出的整个理论及统计数据研究分析结果解释了革命前俄国银行体系的二分法理论。依照我们的观点，该领域进一步的研究工作只为拓展上述重大研究成果。

# 第四章

# 17世纪末到20世纪初的西欧银行模式

既然本书的研究对象是新时代俄国银行模式的特点，由于俄国银行体系的发展与全球银行体系发展趋势多多少少相吻合，那么，我们首先必须关注世界同行业的发展经验。

在 17 ~ 18 世纪的英国，伴随着欧洲金融信贷体系的发展，各种类型银行已现雏形。而从 19 世纪初开始，这些类型的银行已遍布西欧大陆。在这样的新时代，存在于欧洲的有储蓄银行，或者说是贴现银行，以及实业银行和综合银行。

英国是古典的短期信贷银行诞生地。短期信贷银行首先向贸易其次向工业供应流动资本。这类银行被称为储蓄银行，这个称谓指向的是存款，或是作为银行主要资金源流的存款，或是负债。专业文献甚至还根据资产贴现贷款命名此类银行。①这一类信贷机构通过吸储将游资积蓄在手中，然后从事票据贴现业务，并向工商业提供短期贷款服务。

英国已详尽分析和研究了商业银行的全部基本业务，但是似乎

---

① Вейденгаммер Ю. Баланс банка и система его операций. М. ，1918. С. 29.

发行机构除外，即 19 世纪所能够理解的那种形式的发行机构，也就是说，银行单独入股或通过发行辛迪加参与新兴企业，或是经过现代化改造的旧企业的股票发行上市。

既然在这种情况下银行将会成为短期的股票持有人，即成为该公司和企业的合作人，那么，银行就会千方百计采用各种方式调控交易行情，以保证手中持股获得最大收益，保持最有利的销售价格。

应该指出的是，银行同工商实业界的联系究其自身而言是从银行诞生之日起银行业割舍不掉的典型特点。[1] 19 世纪新时代平添新的发展特点，即股份公司经营准让制和投机交易。因为这一时代，经济发展的周期愈加鲜明地表现出来，经济高涨时期，绝大多数经济领域实现了工业化快速增长，创办新企业就要求有大量免息的原始资本的注入。但是，如果单单依靠像 18 世纪那样的由工业家、银行家以及商人结成的狭窄圈子是无法能够保证获得这些资本的。19 世纪，有价证券持有人首次成为社会经济生活主体。为了便于证券持有人手中的自由资本和新设企业之间的联系，银行开始深入研究一种专业机制。

例如，19 世纪 30 年代欧洲掀起铁路建设高潮，稍后的 19 世纪 40 年代，工业迎来了飞速发展。法国和德国银行是这一历史变迁的积极参与者。到 19 世纪中期，欧洲银行业开拓出许多新型业务，如成立银行辛迪加负责证券市场新兴股份公司有价证券的配售；通过购买大宗股票以入股企业并继续向自己客户销售这

---

[1] Cameron, R. E., "England: 1750 - 1844," in *Banking in the Early Stages of Industrialization*, ed. by R. Cameron (Oxford, N. Y., 1967), pp. 54 - 59.

些股票；简单的有价证券或是股票牌价投机交易以及与此相关的调控证券市场；等等。这些新型业务已经成为银行实业的重要构成部分。

该发展趋势表现最鲜明的就是 1852 年的动产信贷总银行，创建人是埃米尔·佩列伊尔和伊萨克·佩列伊尔兄弟。正是这家银行实现了创建投资基金的思想，用自有股票资金和债券销售资金去购买工业、交通以及其他股份公司股票。①

动产信贷银行如同 19 世纪被称为投机银行的模式一样，是实业银行的典范。1916 年，莫斯科商业银行董事长 М. П. 里亚布申斯基这样评述实业银行："实业银行希望快速为股东提供较为丰厚的或是略微丰厚的红利，由于银行没有机会取得公众信任，而且这种信任只能通过多年谨慎地勤勤恳恳地工作才能够赢得。银行千方百计利用各种性质的股份公司创设契机以及投机行为，它们不停地买卖有价证券以赚取价格差。在顺利的时候，或者准确地说，在行情上行时，以及更经常地取决于每位银行家的领导才能时，这些银行赚取了极大收益，获得了成功。"②

早期实业银行的业务工作并不是以吸储为目标。全部银行创设业务只限定在固定资本界内以及发行的自有股票、债券的范围内。换言之，实业银行这些业务的开展成功实现了银行经营模式化，在这种情况下，银行资金要么从有价证券业务获得，要么被分配到有

① Бовыкин В. И., Петров Ю. А. Коммерческие банки Российской империи. М., 1994. С. 17.

② Рябушинский М. П. Цель нашей работы // Материалы по исто-рии СССР. Т. VI. Документы по истории монополистического капитализма в России. М., 1959. С. 610—611.

价证券的交易上。通常，这都是一些银行创办的企业的股票，在自身发展初期，企业会长期地令银行资金滞留，同短期贷款的概念不相容。资金配置上的冒险、不希望大力引资等导致了这类银行的最终命运以悲剧告终。

从银行实务极具风险性这一观点看，贴现贷款银行和实业银行是金融市场业务行为相矛盾的两种银行类型。

贴现贷款银行，或者说储蓄银行，从事的只是那些传统业务，如票据贴现以及最优质的有价证券业务等。票据贴现和短期贷款的资金快速周转确保了银行对储户的兑现能力。这类银行诚实可靠的信誉度是能够吸收储蓄存款的主要原因。同时，贴现贷款银行的经营相对风险较小，和处在上升期的实业银行股东们的分红相比，贴现贷款银行提供的存款利率并不高。

有别于储蓄银行，实业银行在股份制创设以及汇率业务上实现了专门化服务，由于希望获取更多利润，实业银行开始从事风险项目的投资。这类银行积极参与所融资企业的管理工作。由于业务风险较大，实业银行领导人被迫保留了少部分的储蓄业务以及其他贵金属业务。除了现金出纳，在银行投资企业的账面上，在其负债中很少会有"第三方"资金。

早在19世纪中期，实业银行业务经营存在的缺点就促使改革实践家去寻求一种较为可靠的吸引资金渠道，去实现充满风险的发行业务与稳健的长期拨款之间的平衡。这就导致了19世纪下半期综合银行或者说混业银行的诞生，这类银行有机地结合了实业银行仿效储蓄银行从事的吸储这项资产业务。相比于实业银行，综合银行更多关注的是票据抵押贴现贷款这项传统短期贷款业务。

19 世纪下半期，综合银行成为德国和法国主要类型的金融机构。①这类银行能够最合理地积累国内资本并将资本投放到工业各部门，以解实现工业化对资本的燃眉之急。

---

① Бовыкин В. И. , Петров Ю. А. Указ. соч. С. 63.

# 第五章

# 1864～1873年俄国商业银行体系形成

　　俄国银行史研究传统上将国家银行体系形成期划定在 19 世纪 70 年代，这一界限的划定出于对许多客观原因的考虑。

　　从 1864 年开始，俄国新银行体系逐步踏上正轨并飞速发展。到 1873 年，股份商业银行建成大约 40 家。直到一战前，俄国股份商业银行数量基本保持在这个水平。① 1873 年之前俄国股份商业银行分支机构的网络区域分布详见表 5－1。

　　1875 年是俄国商业银行发展史上的里程碑。这一年，全国经济形势出现拐点，由有利的形势向不利的形势转变。根据整个银行财务汇总结果，有一点可以明确，与其他年份相比，1875 年之前，例如 1871 年和 1873 年，社会经济发展并不顺利。但对于我们而言，19 世纪 60 年代到 70 年代上半期是极其特别的时期，这一时期社会经济发展的主要趋势是银行业务经营各项数量指标获得增长。到 1873 年，商业银行总资产达 4.66 亿卢布，接下来直到 90 年代初，商业银行总资产一直在每年 4.4 亿到 6 亿卢布之间浮动。

---

　　①　这种情况下只考虑财务报表刊登在《帝俄统计期刊》（第 2 部，系列Ⅱ，第 11 辑）、《俄国银行统计》（圣彼得堡，1875）上的银行。

表 5-1 1865～1873 年* 俄国股份商业银行体系

| 区域 | 排名 | 银行及分支机构 | 创立日期 | 时间 | | | | | | |
|---|---|---|---|---|---|---|---|---|---|---|
| | | | | 1865～1866 | 1867～1868 | 1869 | 1870 | 1871 | 1872 | 1873 |
| 圣彼得堡 | 1 | 伏尔加－卡玛商业银行 | 1870.07.05 | | | | | + | + | + |
| | 2 | 圣彼得堡国际商业银行 | 1869.08.02 | | | | + | + | + | + |
| | 3 | 圣彼得堡贴现贷款银行 | 1869.07.23 | | | | + | + | + | + |
| | 4 | 圣彼得堡私营商业银行 | 1864.11.01 | + | + | + | + | + | + | + |
| | 5 | 俄国对外贸易银行 | 1871.10.31 | | | | | | + | + |
| | 6 | 华沙商业银行** | 1871.10.01 | | | | | | + | + |
| 莫斯科 | 1 | 莫斯科商业贷款银行 | 1870.11.19 | | | | | + | + | + |
| | 2 | 莫斯科商人银行 | 1866.12.01 | | + | + | + | + | + | + |
| | 3 | 莫斯科工业银行 | 1871.11.16 | | | | | | + | + |
| | 4 | 莫斯科贸易银行 | 1871.12.01 | | | | | | + | + |
| | 5 | 莫斯科贴现银行 | 1870.01.08 | | | | | + | + | + |
| | 6 | 伏尔加－卡玛商业银行** | 1870.10.12 | | | | | + | + | + |
| 南俄 | 1 | 亚速－顿河商业银行 | 1871.09.24 | | | | | | + | + |
| | 2 | 沃罗涅日商业银行 | 1873.05.21 | | | | | | | + |
| | 3 | 叶卡捷琳诺斯拉夫商业银行 | 1872.11.05 | | | | | | | + |

续表

| 区域 | 排名 | 银行及分支机构 | 创立日期 | 1865～1866 | 1867～1868 | 1869 | 1870 | 1871 | 1872 | 1873 |
|---|---|---|---|---|---|---|---|---|---|---|
| 南俄 | 4 | 基辅私营银行 | 1868.10.08 | | | + | + | + | + | + |
| | 5 | 基辅工业银行 | 1871.08.16 | | | | | + | + | + |
| | 6 | 基什尼奥夫商业银行 | 1871.12.15 | | | | | | + | + |
| | 7 | 克列缅丘格商业银行 | 1873.01.01 | | | | | | | + |
| | 8 | 尼古拉耶夫商业银行 | 1872.08.01 | | | | | | | + |
| | 9 | 敖德萨商业银行 | 1870.07.07 | | | | | + | + | + |
| | 10 | 罗斯托夫商业银行 | 1872.03.01 | | | | | | + | + |
| | 11 | 梯弗里斯商业银行 | 1872.01.24 | | | | | | + | + |
| | 12 | 哈尔科夫贸易银行 | 1868.09.17 | | | + | + | + | + | + |
| | 13 | 莫斯科贸易银行（敖德萨）** | 1873.03.24 | | | | | | | + |
| | 14 | 圣彼得堡国际商业银行（基辅、哈尔科夫）** | 1871.08.01 1872.10.01 | | | | | | | + |
| 西部 | 1 | 华沙商业银行 | 1870.07.15 | | | | | + | + | + |
| | 2 | 华沙贴现银行 | 1871.10.01 | | | | | | + | + |
| | 3 | 维连卡商业银行 | 1873.03.24 | | | | | | | + |

俄国股份商业银行：1864～1917年业务结构和发展动态

续表

| 区域 | 排名 | 银行及分支机构 | 创立日期 | 1865～1866 | 1867～1868 | 1869 | 1870 | 1871 | 1872 | 1873 |
|---|---|---|---|---|---|---|---|---|---|---|
| 西部 | 4 | 喀琅施塔得商业银行 | 1872.11.15 | | | | | | | + |
| | 5 | 利巴瓦商业银行 | 1872.11.01 | | | | | | | + |
| | 6 | 罗兹商业银行 | 1872.10.01 | | | | | | | + |
| | 7 | 雷瓦尔商业银行 | 1871.07.10 | | | | | | + | + |
| | 8 | 里加商业银行 | 1872.03.15 | | | | | | + | + |
| 中央和东部 | 1 | 科斯特罗马商业银行 | 1871.09.28 | | | | | | + | + |
| | 2 | 下诺夫哥罗德商人银行 | 1870.07.19 | | | | | + | | + |
| | 3 | 奥廖尔商业银行 | 1872.12.15 | | | | | | | + |
| | 4 | 梁赞贸易银行 | 1873.01.04 | | | | | | | + |
| | 5 | 西伯利亚贸易银行（叶卡捷琳堡） | 1872.11.10 | | | | | | | + |
| 外省（伏尔加－卡玛商业银行分支机构） | | 位于南俄、西部、中央区以及东部，共计18家分支机构 | 1870.07.23～1873.11.21 | | | | | + | + | + |

* 表中列出的是从第一个营业年度到1873年（含1873年）已公布年度报表的银行。

** 董事会位于其他地区的银行的分支机构用斜体字标出。

+《俄国银行统计》含有的数据。

资料来源：Источник: Статистический временник Российской империи. Серия II. Вып. 11. Статистика русских банков. Ч. 2. СПб., 1875. С. 436－437。

1875 年莫斯科商业贷款银行破产成为俄国经济行情急转直下的标志性事件。破产事件发生后，国家金融业开始滑坡，银行业绩明显下降，银行数量剧减，银行在 1875 年的资产总额仅仅超过 1891 年（见图 5 - 1）。因此，1875 年无疑成为俄国银行业发展明显的分界点。

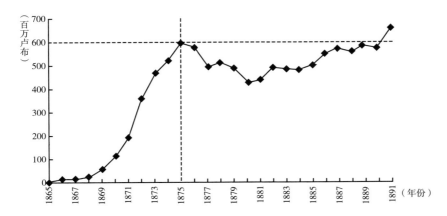

**图 5 - 1    1865～1891 年俄国商业银行体系的增长（资产总额）**

资料来源：*Источники*：за 1865—1873 гг. рассчитано по: Статистический временник Российской империи. Серия II. Вып. 11. Статистика русских банков. Ч. 2. СПб. , 1875. С. 192—423. За 1874—1891 гг. : Русские акционерные коммерческие банки по отчетам в цифровых данных за 1912 и 1911 г. СПб. , 1913. С. 60—61。

1873 年是俄国银行史学研究的重要里程碑，也是俄国商业银行体系形成期的上界标识。这年秋天，俄国举行了股份商业银行代表大会。代表大会委员会着手银行财务报表划归统一这项工作，同时开始筹备将这些数据汇总并统一刊出。

鉴于代表大会委员会的努力付出，从 1874 年开始，全部银行统计数据原则上都要能相互对照。商业银行早期（1864～1873 年）的统计数据不同于较晚时期的动态数据组，因为当时搜集整理数据运用的方法尚处在形成阶段。

需要提醒大家注意的是，1864～1873年统计信息首先刊载于卡乌夫曼的《俄国银行统计》中，[1] 其次收录在《财政部年鉴》里。这两种情况下的数据信息都是由卡乌夫曼亲自处理，并且第一版的材料最完整翔实。

本章将根据《俄国银行统计》提供的材料，详细分析1864～1873年俄国股份商业银行体系形成中最重要的三个共同点：第一，银行体系获得区域性发展；第二，银行收入结构；第三，银行资金，或者说负债结构。

对银行体系从1865年到1873年的增长情况进行区域性研究使我们得出第一个重要结论：从诞生之日起，俄国银行体系基本围绕圣彼得堡和莫斯科两大都城而建（见表5-2）。

表5-2 1865～1873年俄国股份商业银行资产变化情况

单位：百万卢布

| 区域 \ 年份 | 1865 | 1866 | 1867 | 1868 | 1869 | 1870 | 1871 | 1872 | 1873 |
|---|---|---|---|---|---|---|---|---|---|
| 圣彼得堡 | 6.0 | 11.3 | 10.9 | 13.2 | 22.9 | 50.9 | 74.6 | 121.7 | 149.28 |
| 莫斯科 | | | 3.8 | 10.8 | 28.9 | 53.2 | 70.4 | 132.0 | 149.32 |
| 南俄 | | | | | 3.9 | 8.0 | 23.8 | 59.2 | 106.13 |
| 西部 | | | | | | | 2.6 | 17.8 | 32.10 |
| 中央和东部 | | | | | | | 1.9 | 4.1 | 13.40 |
| 外省（伏尔加－卡玛商业银行分支机构） | | | | | | | 7.4 | 22.7 | 28.40 |
| 合计 | 6.0 | 11.3 | 14.7 | 24.0 | 55.7 | 112.1 | 180.7 | 357.5 | 478.63 |

资料来源：*Источник*: рассчитано по: Статистический временник Российской империи. Серия II. Вып. 11. Статистика русских банков. Ч. 2. СПб. , 1875。

---

[1] 《帝俄统计期刊》第2部，系列 II，第11辑；《俄国银行统计》，圣彼得堡，1875。

至于其他各大省行，尽管数量众多，但就资产额看，从最初开始，其排名仅次于圣彼得堡和莫斯科两地的银行。稍后，即19世纪末20世纪初这一发展趋势已明显显现出来。从卡乌夫曼的统计数据里获取的有关俄国银行业新旧首都银行同外省银行力量上的这种最初对比关系是绝对全新的事实。

正如上文指出的，我们的第二个兴趣目标是股份商业银行发展初期的收益情况（见表5－3）。银行收益由业务利润决定。而银行业务一般可以划分为贷款、汇率和委托代理等。前两项业务是银行收入进项的主要组成部分。

表5－3　1865～1873年俄国商业银行贴现贷款业务净收入 *

单位：百万卢布

| 区 域＼年 份 | 1865 | 1866 | 1867 | 1868 | 1869 | 1870 | 1871 | 1872 | 1873 |
|---|---|---|---|---|---|---|---|---|---|
| 圣彼得堡 | 0.24 | 0.31 | 0.38 | 0.35 | 0.43 | 1.35 | 1.93 | 3.25 | 4.04 |
| 莫斯科 | | | 0.33 | 0.63 | 1.51 | 2.73 | 3.92 | 5.28 | 5.81 |
| 外省(伏尔加－卡玛商业银行) | | | | | | | 2.35 | 3.23 | 3.56 |
| 南俄 | | | | | 0.25 | 0.48 | 1.53 | 2.75 | 4.43 ** |
| 西部 | | | | | | | 0.21 | 0.54 | 1.10 |
| 中央和东部 | | | | | | | 0.15 | 0.21 | 0.61 |
| 合计 | 0.24 | 0.31 | 0.71 | 0.98 | 2.19 | 4.56 | 10.09 | 15.26 | 19.55 |

* 贴现贷款业务纯利润包括下列业务总收入：双签名票据贴现、有担保的单名票据贴现、商业借据贴现、已发行的有价证券贴现、有价证券抵押贷款（定期和无期）、商品抵押贷款。不包括下一营业年度上述所有业务提成以及俄国国家银行的票据再贴现和票据抵押贷款特别往来账户的支出费用。

** 上述情况忽略不计圣彼得堡国际商业银行南俄分支机构，因为年度报告中分支机构必要的数据要和圣彼得堡总部的数据汇总。我们用下列方法大概评价一下出现的失误问题：1873年，圣彼得堡国际商业银行净利润（扣除各项开支后剩余的收入）达到150.9万卢布，其中南俄分支机构的净利润为12.8万卢布。总行的贴现贷款净收入为171.6万卢布，南俄分支机构这一数据的同比计算结果是贴现贷款收入约为14.6万卢布。这种情况下表格中显示的数字可能是南俄为458万卢布，圣彼得堡为390万卢布。

资料来源：*Источник*：см. источник к Таблице 6。

从表 5 - 3 能够看出贴现贷款业务纯收入情况。值得注意的是，必须将伏尔加 - 卡玛商业银行划分出去单独研究。问题是，1871～1873 年伏尔加 - 卡玛商业银行的财务统计被划分为圣彼得堡、莫斯科和中央几部分，这样做是出于区域统计数据校对需要。在进行上述分组后，圣彼得堡、莫斯科以及中央的业务量减少并十分利于伏尔加 - 卡玛商业银行这一新的研究对象。

总之，到 1873 年，尽管莫斯科银行和圣彼得堡银行的资产总额大体相当，但是莫斯科和欧俄南部地区的贴现贷款业务收入占据优势，按银行常规业务收入额讲，圣彼得堡居于第三位。并且，即便我们试图将北部都城的业务指标提升到伏尔加 - 卡玛商业银行在圣彼得堡经营贴现贷款业务大致期望的资产额比例，但是莫斯科作为贴现贷款业务中心的地位和作用却从未改变。

因此，就股份商业银行体系的形成我们得出如下重要结论：19 世纪末 20 世纪初莫斯科和俄国南部银行业经营的外部特征首先是贴现贷款收入从最开始便具有了这一特点，与圣彼得堡银行常规业务收入比例最初较低同属一种情况。

后面的事实要求比较性地研究圣彼得堡银行收入中重要的一项，即对从 19 世纪 90 年代开始的外汇汇率业务给予较高的关注，因为正是在那个时候，银行经手的有价证券总量开始迅速上升，工业股票数量开始快速增长，这一点与 19 世纪最后十年的经济高速发展息息相关。

表 5 - 4 反映了 1865～1873 年股份商业银行汇率业务情况。应该指出的是，由于史料的特殊性，我们无法区分银行外汇汇率收入以及利息收入情况，这构成下面提到的业务在一定条件下有可能是同一系统的组成部分这一间接特征。我们可以从 19 世纪纯粹的外汇

**表5－4　1865～1873年俄国商业银行汇率、同业行代理、**

**有价证券及往来账户业务收入**

单位：百万卢布

| 年份<br>区域 | 1865 | 1866 | 1867 | 1868 | 1869 | 1870 | 1871 | 1872 | 1873 |
|---|---|---|---|---|---|---|---|---|---|
| 圣彼得堡 | 0.18 | 0.28 | 0.25 | 0.49 | 0.99 | 2.16 | 1.68 | 2.94 | 2.11 |
| 莫斯科 | | | 0.01 | 0.04 | 0.15 | 0.22 | 0.34 | 1.15 | 1.00 |
| 外省(伏尔加－<br>卡玛商业银行) | | | | | | | 0.10 | 0.22 | 0.22 |
| 南俄 | | | | | 0.03 | 0.07 | 0.25 | 0.60 | 0.86 * |
| 西部 | | | | | | | 0.06 | 0.38 | 0.74 |
| 中央和东部 | | | | | | | 0.01 | 0.02 | 0.19 |
| 合计 | 0.18 | 0.28 | 0.26 | 0.53 | 1.17 | 2.45 | 2.44 | 5.31 | 5.12 |

＊类似于表5－3的附注；＊＊圣彼得堡国际商业银行汇率、同业行代理、有价证券以及往来账户业务收入为83.6万卢布，而同比计算南俄分支机构的收入大约为7万卢布。

资料来源：*Источник*：см. источник к Таблице 6。

汇率业务中区分出买卖有价证券和外国汇票（后者是一种交易类证券）的收入。19世纪，银行的利息收入主要通过银行自有有价证券买卖收入、往来活期账户（在其他银行中开立）利息收入以及同业代理行账户利息收入获得。

从卡乌夫曼的数据信息可以看出，1865～1873年，与俄国其他地区相比，圣彼得堡最有可能获得外汇汇率收入和利息收入。从另一方面讲，伏尔加－卡玛商业银行这类业务就不够发达，这使我们产生一种想法，本着各自不同的原则和经营优势这一出发点，银行能够形成自己特有的收入结构。

有趣的是，在综合性的数据指标中，这一时期圣彼得堡主要银行的收入结构与 19 世纪 90 年代极其相似，正如上述该问题的研究结果表明的那样。这种相似性使我们得以重新审视 19 世纪 90 年代俄国工业高度发展的某些特点。我们可以暂且得出只是预见性的结论：相比于其他地区，外汇汇率业务一直在圣彼得堡银行中占据着更加重要的地位。在经济有力运行的情况下，圣彼得堡银行业的业务模式具有的这一典型特征表现得十分鲜明。这一趋势在 19 世纪 70 年代初期就已表现出来，只是到了 90 年代在俄国金融领域才进一步显现，因此，如果忽略不计早期发展阶段的话，那么 19 世纪末的交易所热潮看上去就是一种全新的独一无二的现象。如果深入思考卡乌夫曼《俄国银行统计》提供的资料，那么就会得出如下结论：圣彼得堡实业银行业务结构设置最初是为了更快地对交易所上升行情施加积极影响，并使银行成为销售工业股票的主要代理人，工业红利股票在 90 年代首次成为有价证券市场交易的一种普遍现象。

本章展开研究的第三个问题是银行资金问题。换言之，我们必须弄清楚，银行更喜欢使用什么资金发挥职能作用？这种情况下的首要话题是银行负债中自有资金与借贷资金的比例关系。银行自有资金包括股份资本和准备金，属于借贷资金的有储蓄存款和往来账户活期存款以及从高级货币市场（跨行贷款和俄国国家银行贷款）吸引来的资金。

最有趣的一个问题是，俄国不同地区银行的借贷资金中，储蓄存款（定期存款和往来账户活期存款）占多大比例？而跨行借贷以及其他资金源又占多大比例？根据《俄国银行统计》中的数据资料，这一问题可以用如下方式解决，即显示银行负债中借贷资金（他方资金）的总比例，然后指出传统储蓄业务在银行承担的债务总额中所占的比例（见表 5－5）。

表 5 - 5　1873 年俄国股份商业银行借入资金结构

单位:%

| 区域 | 负债结构中的借入资金占比 | 借入资金中的存款占比 |
|---|---|---|
| 圣彼得堡 | 75 | 56 |
| 莫斯科 | 89 | 85 |
| 外省(伏尔加－卡玛商业银行) | 89 | 78 |
| 南俄 | 88 | 80 |
| 西部 | 71 | 47 |
| 中央和东部 | 73 | 51 |

资料来源：Источник：см. источник к Таблице 6。

　　结果显而易见，从最初开始，莫斯科的银行、俄国南部地区的银行以及伏尔加－卡玛商业银行都将存款基准利率作为其主要资金源。而在其他地区，银行股份资本或者说银行自有资金占银行资金源的 1/4 以上，并且，总体上讲，这些地区的存款水平，尤其是定期存款所占比例较低。在俄国银行发展史上，对于圣彼得堡以及西部地区银行来讲，这些特点十分典型。至于中东部地区的银行，同一时期它们业务开展得较为薄弱，因此，我们暂且难以满怀信心地评价银行引资的性质问题。

　　至于股份商业银行体系形成的特点，必须指出的是，我们很快，甚至可以说，从最初银行区域发展特点看就已经确定下来，实际上某些特点一直保持到帝俄最后时期、十月革命前。尽管从 20 世纪最初几年开始，俄国金融体系经历了重要发展阶段，并导致商业银行面貌发生重大变化、区域间力量对比发生重大变化，但是"贴现的"莫斯科和"交易的"圣彼得堡之间的矛盾对抗问题成为革命前俄国的金融评论以及历史编纂学关于 19 世纪 90 年代以及稍后时期研究的共通之处,① 而这一切在 70 年代就已经在银行发展主要特征里呈现出来。

---

① См.：Гиндин И. Ф. Русские коммерческие банки. М.，1948. С. 37 – 72.

# 第六章

# 1874～1917年俄国商业银行
# 主营业务动态分析

## 一 资产业务

### （一）票据贷款

现在，我们详细分析一下 19 世纪俄国商业银行体系中贷款的基本形式，即票据贷款业务。正如本章将要揭示的，票据贷款是银行与相对封闭的企业主联合体之间相互联系的表现形式。企业主联合体成员享有良好的实业信誉，彼此互为物质财富基石，因此他们能够成为银行向进入实业界的企业主提供票据贷款服务的担保人。但是，值得强调的是，工业公司的封闭性随着银行代理人圈子的扩大而不可避免地被冲淡且变得模糊。20 世纪，这一过程变得更加积极主动。

初看可知，俄国商业银行客户贷款的方式是银行史专家主要感兴趣的问题。但是，这一主题具有较为广泛的历史、经济背景，因为贷款方式反映了银行和客户之间不同的相互关系类型。

票据反映一种债务义务关系，按严格规则编制而成。在最普通情况下，票据含有一种内在的承诺，即一个人在指定日期内支付给另一个人一定金额。

商业借贷契约表格的制定采用最普通的票据样式，看上去是买卖双方就商品售价达成一致意见，但这时，买方手头还没有资金，当买方同样将购买的商品卖掉后，他就拥有了资金。买方付给卖方票据，即借债借据并允诺支付条件，例如，6个月后履约完成支付。售方或卖方没有等到这一期限的到来，而是将票据出售给银行。这样他在借据期满之前得到了资金。而买方成为银行的新债务人，他需要按期和银行结清债务。银行得到票据后，它似乎会向买方发放票据履约需要的贷款资金。

银行购买的这类票据在支付期满之前被称为贴现，因为银行降低了票据上指定的金额，降低了贷款使用比例。这个比例称为贴现率。贴现率越低，票据支付期就越短。

这样一种借贷关系图蕴含着独创性，同时也是不可思议的。令人难以置信的是，债务能够按照票据日期如期偿还的担保关乎下面情况：无论是银行还是实业界伙伴，即那些企业主债务人，都只不过是简单地相信其支付能力和业内信誉。贴现票据时，他们不提供任何其他的物质担保，如不动产、有价证券或者商品抵押形式的物质担保品。

银行实务理论将票据贴现定性为个人贷款，也就是无抵押贷款，银行认为，贷款的个人应具有足够的清偿能力，信誉良好，二者叠加起来为偿还借款提供了保障。银行实践经验表明，信任就意味着银行熟知关乎客户清偿能力的全部细节元素，即只有在详尽研究富有潜力的债务人从事的事业后，才能允许他将票据付给银行办理贴现。

　　但理论上讲，贴现票据时，银行不应该仅仅局限于对客户清偿能力信用度的评价：应该获准贴现的仅仅是那些成为现实商业合同签订基础的票据，即按照当时的术语，票据应该具有商品性质。[①]但是，问题在于，个人贷款机制本身，即诚信贷款，并没有足够有效的自动监测方法，究竟为了什么目的而贷款呢？贷款资金是否为商业周转之必需？是否使用了破坏客户信用的方法？这里只能依据票据部门工作人员的经验和职业洞察力来做出判断。

　　其结果是，全球银行实务增强了对票据商品性的评级，将之评为一种较可靠的支付担保机制，该机制能够发挥作用的是当时施行的担保制度。例如，俄国股份商业银行接收"双签名票据"贴现，即票据含有不少于2个担保人的签名。在债务人无支付能力或是破产的情况下，根据该票据签名，由担保人承担偿还债务的责任。

　　这样，按照当时的术语学，"签名质量"在银行做票据贴现时将是首要考虑的事情，应放在首位。在这种情况下，哪些合同签约生成了票据？该票据是否与企业主经营活动有联系？此类问题居于次要地位，具有次要意义。经济学家 П. 卡姆巴罗夫以唯一见证人的身份描述了 19 世纪 80 年代股份银行票据贴现业务实践："随着

---

① См., напр.: Барац С. М. Курс вексельного права в связи с учением о векселях и вексельных операциях. СПб., 1893; его же. Вексель. СПб, 1903; Вознесенский Е. П. Операции коммерческий банков. СПб, 1913; Дмитриев - Мамонов В. А., Евзлин З. П. Теория и практика коммерческого банка. Пг., 1916.

贴现业务领域拓宽，一切表现得越来越明朗化：贴现业务从事的主要不是票据贷款，而完全是另外一种性质的贷款。这种贷款只是用票据形式表现出来，但实质上，贷款完全基于担保服务的使用。"[1]"在完成贴现业务时，银行最一开始必须关心的是通过贴现得到的借贷资本不应该蒙受损失的风险，因此，银行全部注意力自然而然地理应集中在对票据签名可信度及其信誉的评价上。当票据上两个签名出自有名望之人时，这些银行家便无可问责，他们不会深究这些票据出自什么样的贸易合同。在审核票据时，对待事物持有的类似态度为银行拓展了广阔的客户渠道，尤其是那些无处弄到商业票据的客户。但是，他们必须花大力气事先获得可靠担保。外省的票据总存量都要有担保。进行担保签名的不仅仅是那些大土地所有者、房屋所有者，而且各工厂主甚至商人都会做担保签名人。"[2]

　　这段引文合并了俄国银行业发展历程中的两个重要问题。卡姆巴罗夫确认，首先，担保制度优于贷款合同审核制度；其次，与企业经营活动没有关联性的那些人员可以获准申请票据短期贷款。从银行实务理论角度讲，上述两点都是违规行为。为什么如此重要，即只有企业主才能够使用票据获取具体的商业合同短期贷款呢？问题在于，在正确操作原则上没有抵押物的贴现业务时，债务人只有不断地成功经营商业活动并以此为担保，他才能得到用于票据支付的资金。

　　与商业活动无关的客户群，只有在提供了不动产、有价证券等物品作为担保抵押物的前提下才能办理贷款业务。与企业经营无关的个人办理票据抵押贷款，将导致他们任意妄为，并将银行同现实

---

[1]　Гамбаров П. К вопросу о банках краткосрочного кредита. Стес-нение на денежном рынке и наши банковские порядки. Киев，1885. С. 11.

[2]　Там же. С. 13—14.

经济生活割裂开来，这样的贷款会被迫追逐纯粹商业利益以外的其他某些利益。

在我们看来，卡姆巴罗夫就商业银行票据抵押贷款的情况还是做出了过于绝对的判断。况且，这段引文不应该针对1864～1917年俄国金融机构运行的整个历史时期。卡姆巴罗夫的研究著作出版于1885年，19世纪80年代却是商业银行史上发展最为不利的十年，而革命前工业化飞跃发展仅仅从90年代才开始，因此，19世纪下半期，特别是19世纪80年代，商业银行客户群相对狭小，即能获得稳定而又丰厚的企业经营收入的人数并不多；同时，能够满足银行对客户提出的办理贷款的所有要求以及在经济行情极其不稳定情况下有意将自己的责任与义务与银行捆绑的人员也很少。在这种情形下，有能力的客户在办理票据贴现时，他们互相对银行做出担保，银行开展票据业务时，这种担保成为首选，因为经济大萧条时期商业合同可能难以履约。

从19世纪90年代开始，俄国股份商业银行体系开始获得实质性发展，速度不一地持续发展到1917年。如果没有建立起相当数量的客户群，那么银行部门网络不会如此快速地拓展壮大。这意味着在拥有担保人以及现实商业合同的情况下，越来越多的从事企业经营的人员转而关注并求助于银行贷款服务项目。

与19世纪下半期相比，20世纪短期贷款业务量成倍增长，如果单凭与商业银行联系密切的区域实业精英这种狭窄圈子，是无法取得如此业绩的。

但是，作为一种商业契约的"双签名票据"，在操作办理这类票据时，担保是非常重要的一项，这一点得到卡姆巴罗夫切实的描述说明。总之，贴现业务是短期信贷银行办理的主要贷款业务，股份商业银行的贷款业务可以归属其中。在商业银行运行的整个时期，贴现贷款业务的性质始终未曾改变：这是一项办理个人贷款的业务，即无抵押贷款，旨在资助拥有良好商业信誉以及有支付能力保障的客户，并且需要附上该客户生意伙伴出具的担保。

＊ ＊ ＊

贴现业务在个别商业银行业务系统中占据什么样的地位？换言之，对于俄国银行类型学而言重要的是判断明确个人贷款制度究竟普及到什么程度？

根据月资产负债表数据，我们详尽地研究了1864～1917年个别银行贴现业务的演变情况。我们可以借助资产业务中票据贴现业务所占比例来展开对这一过程的研究，也就是资产负债表票据贴现项余额与每月资产负债表合计的比例关系。该指标证明了个人贷款在整个银行业务中所占的份额。贴现业务占资产的比例能够让我们从总体上了解银行在整个实业或是贴现储蓄型银行经营体系中的地位问题。

为研究票据贴现在各银行资产中所占比例的动态变化，将从1864年11月①到1917年4月②期间全部运营银行的月资产负债表计

---

① Далее в тех случаях, когда используются данные на 1 января каждого года, динамические ряды начинаются с 1 января 1965 г.

② Список акционерных коммерческих банков России 1864 ~ 1917 гг. см. в: Шепелев Л. Е. Акционерное учредительство в России: Из истории империализма в России. М. ; Л. , 1959. См. также: Бовыкин В. И. , Петров Ю. А. Коммерческие банки Российской империи. М. , 1994. С. 345 – 346. Данные ежемесячных балансов взяты из нижеприведенныхпубликаций. За ноябрь 1864—1873 гг. : Статистический временник Российской империи. СерияII. Вып. 11. Статистика русских банков. Ч. II. СПб. , 1875. За 1874—1876 гг. : Отчет по операциям акционерных банков коммерческого кредита за 1874—1876 гг. Т. 1—2. СПб. , 1877, 1878. За 1877—1881 гг. : Ежегодник русских кредитных учреждений за 1877— 1881 гг. Выпуски I—VI/ Под （转下页注）

算得出的指标运用到本次研究中，之后对计算得出的数据加以分组，并取出银行自己曾从事票据业务的个别时间段进行全面深入分析。因此，票据贴现周期性问题成为本研究中要独立解决的问题。

根金深入地研究了革命前俄国商业银行发展历史中的传统分期问题。俄国金融资本发展阶段划分也是基于这一基础，从 19 世纪 90 年代开始，俄国金融资本发展与国家整个经济行情周期相吻合，即 1893～1898 年，工业高涨期；1899～1902 年，经济危机；1903～1908 年，危机后的萧条期；1909～1913 年，一战前工业高涨期；1914～1917 年，第一次世界大战。[①]

对于从 1864 年到 19 世纪 90 年代初期俄国银行发展史的最初 30 年，根金在自己著作中并没有明确提出分期问题，但是他大致将其分为三个阶段，即 1864～1874 年，早期阶段；1875～1881 年，危机时期；1882～1892 年，萧条时期。

双签名票据贴现业务历经 8 个发展阶段，这些阶段实际上与商业银行发展史整个分期基本相符。根据每个会计年度 12 月 31 日资产负债表各科目余额，我们可以划分为高涨阶段（含初始时期）（1865～1875 年、1895～1899 年、1908～1913 年），严重经济危机时期（1876～1880 年），发展不稳定时期（1881～1894 年、1900～1907

---

（接上页注 ②）ред. Иващенко. СПб.，1880，1882，1883，1886. За 1882—1894 гг. данные собраны из 《Вестника финансов, промышленности и торговли》. За 1895—1908 гг.：Статистика краткосрочного кредита. Операции акционерных банков коммерческого кредита. Т. I. 1894 – 1900 гг. СПб.，1905；Т. И. 1901 – 1908 гг. СПб.，1910. За 1909 – апрель 1917 гг.：Сводный баланс акционерных банков коммерческого кредита, действующих в России. СПб. —Пг.，1909—1917 гг.

① Гиндин И. Ф. Русские коммерческие банки. М.，1948. С. 33—34.

年）以及第一次世界大战时期（1914～1917年）（见表6-1）。为了评价贴现业务动态图，这里使用了年增长速度指标，该指标能够反映出与上一个会计年度相比，本年度时间维度上的利润变化情况。

下面对贴现业务动态变化图做一简要描述。19世纪70年代中期全球经济危机的爆发中断了俄国商业银行初始增长阶段的蓬勃发展进程。1875年后，贴现业务动态变化图完全地反映出当时俄国金融市场的不利行情。到80年代，票据贴现业务额平均每年下降13%，之后，一直到1894年，票据贴现业务始终保处于极不稳定的状态。比起对整个银行体系的影响，90年代经济快速发展期只是稍晚些时候才影响到票据贴现业务领域，其中的原因在于1891年和1893年这两年天公不作美，粮食歉收（1891年下降11%，1893年下降6%）。

表6-1　俄国股份商业银行双签名票据贴现（1865～1917年

12月31日资产负债表各科目余额）

| 年份 | 银行数量 | 票据贴现（百万卢布） | 增长率（%） | 年份 | 银行数量 | 票据贴现（百万卢布） | 增长率（%） |
|---|---|---|---|---|---|---|---|
| 1865～1875 | | | | 1895～1899 | | | |
| 年平均增长率:63% | | | | 年平均增长率:19% | | | |
| 1865 | 1 | 1.6* | | 1895 | 35 | 197.3 | 19 |
| 1866 | 1 | 3.4* | 113 | 1896 | 35 | 204.6 | 4 |
| 1867 | 2 | 4.3* | 27 | 1897 | 35 | 231.1 | 13 |
| 1868 | 2 | 6.6* | 54 | 1898 | 37 | 304.1 | 32 |
| 1869 | 4 | 14.6* | 120 | 1899 | 38 | 399.9 | 32 |
| 1870 | 6 | 30.2* | 108 | 1900～1907 | | | |
| 1871 | 12 | 58.7* | 94 | 年平均增长率:4% | | | |
| 1872 | 21 | 103.9* | 77 | 1900 | 39 | 387.6 | -3 |
| 1873 | 29 | 165.2* | 59 | 1901 | 39 | 411.4 | 6 |
| 1874 | 39 | 196.3 | 19 | 1902 | 37 | 433.8 | 5 |

| 年份 | 银行数量 | 票据贴现（百万卢布） | 增长率（%） |
|---|---|---|---|
| 1875 | 39 | 216.1 | 10 |
| 1876～1880 | | | |
| 年平均增长率：－13% | | | |
| 1876 | 38 | 212.5 | －2 |
| 1877 | 37 | 169.6 | －20 |
| 1878 | 36 | 139.8 | －18 |
| 1879 | 35 | 124.3 | －11 |
| 1880 | 33 | 123.9 | －0.3 |
| 1881～1894 | | | |
| 年平均增长率：2% | | | |
| 1881 | 33 | 133.3 | 8 |
| 1882 | 34 | 140.3 | 5 |
| 1883 | *33* | 146.8 | 5 |
| 1884 | *32* | 154.2 | 5 |
| 1885 | *32* | 150.1 | －3 |
| 1886 | *32* | 146.2 | －3 |
| 1887 | *32* | 140.2 | －4 |
| 1888 | *33* | 132.4 | －6 |
| 1889 | *35* | 133.3 | 1 |
| 1890 | *36* | 135.9 | 2 |
| 1891 | *36* | 166.6 | 23 |
| 1892 | *36* | 147.6 | －11 |
| 1893 | *37* | 176.3 | 19 |
| 1894 | 35 | 166.0 | －6 |

| 年份 | 银行数量 | 票据贴现（百万卢布） | 增长率（%） |
|---|---|---|---|
| 1903 | 37 | 523.4 | 21 |
| 1904 | 37 | 611.2 | 17 |
| 1905 | 35 | 609.4 | 0.3 |
| 1906 | 35 | 528.1 | －13 |
| 1907 | 35 | 518.1 | －2 |
| 1908～1913 | | | |
| 年平均增长率：19.4% | | | |
| 1908 | 35 | 582.8 | 12 |
| 1909 | 34 | 682.4 | 17 |
| 1910 | 31 | 806.9 | 18 |
| 1911 | 33 | 1053.4 | 31 |
| 1912 | 34 | 1209.1 | 15 |
| 1913 | 45 | 1413.2 | 17 |
| 1914～1917 | | | |
| 年平均增长率：22.9% | | | |
| 1914 | 47 | 1498.7 | 6 |
| 1915 | 50 | 1605.6 | 7 |
| 1916 | 50 | 1887.0 | 18 |
| 1917 | 50 | 2779.9 | 47 |

　　＊双签名票据贴现在总额里显示出来，同时考虑商业债务、定期证券、息票和利息券。并入票据贴现的业务属于小类科目：从1874～1917年开始，其份额占双签名票据贴现业务的比重在0.01%～0.03%（我本人计算得出）。

　　作者本人收集的数据用斜体标注。

　　资料来源：данные по учету векселей за 1864 – 1914 гг.：Русские акционерные коммерческие банки по отчетам за 1914 г. СПб.，1913. С. 56 – 57；за 1915 – 1917 гг.：Сводные балансы акционерных банков коммерческого кредита, действующих в России. Балансы на 1 января. Пг.，1915 – 1917 гг.

19、20 世纪之交爆发的经济危机，如果和紧随其后发生的 1903～1907 年经济萧条相比，对票据贴现业务的影响力大为减弱。恰好，后面这一时期也应该被称为票据贴现业务的实际危机时期，其爆发完全是出于政治原因（截至 1906 年 1 月 1 日，最大降幅为 13%）。

从 1908 年开始，票据贴现业务稳定增长，1908～1913 年，年均增长率达 19.4%。一战最初两年，即 1914 年、1915 年，这项业务增长放缓，维持在 6%～7%，之后，1916～1917 年票据贴现业务开始呈纯通货膨胀式的增长态势。

\* \* \*

19 世纪下半期到 20 世纪初，各商业银行的票据贴现业务能够占到资产业务的 10%～70%，因此，应该确定票据贴现业务占资产业务的较低比例、较高比例和平均比例。依照我们的意见，对于革命前俄国商业银行来说，应该根据贴现业务占资产业务比例采取如下业务分类标准：40% 以上为高比例，21%～40% 为平均水平，20% 及以下为较低水平。我们发现，这样的分类方法只能针对大宗的体系化的银行业务。其中，主要是票据贴现、定期贷款和无期贷款以及同业银行代理业务。通常情况下，余下业务中的每一项都占到资产业务的 10%；而且，这些业务要么按总量讲的确微不足道，要么透过资产负债表并不能够看出其实际的业务规模，因此，为了研究需要，要求我们关注损益科目，或是有关银行资金周转额的数据。这类业务中最好的例证就是汇率业务（买卖有价证券和外国票据的业务），此项研究最好按损益表进行。

图 6 - 1 提供的是银行贴现业务占资产贴现项的比例（高、中和低）分配情况。俄国多半票据贴现业务通过银行办理，占银行业务比例属于中等水平。此类银行在 19 世纪下半期承担了 50%～

60%的贴现业务，在20世纪初期承担了70%以上。银行早期发展史中，19世纪70年代，银行业务经营多样化暂时还不够规模，水平较低，因此，票据贴现在半数银行的资产业务中占比高于50%。之后，此类银行数量开始慢慢缩减，战前仅占银行总数的6%，然后几乎是3%。

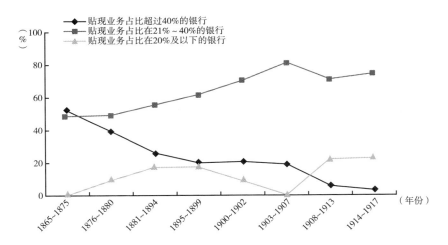

**图6-1　1865～1917年俄国商业银行间票据贴现占**
**资产总票据贴现比例（高、中、低）**

资料来源：данные для расчетов указаны в примечании 4 к данной главе。

之前银行间票据贴现业务比例较低的银行，到19世纪80年代办理的此项业务比例上升，从1%上升到18%。这其中原因是，在经济行情长期不利的情况下，即从70年代下半期开始，基于对客户支付能力和信誉的个人信任关系，贷款制度的可靠性非常有限，因此，整个80年代票据贴现客户群便被逐渐压缩。银行体系开始转向经营，转向其他形式的能够攫取一般商业利润的业务种类，尤其是贷款业务。之后接下来的90年代经济高涨的行情强化了这一发展趋势。经济高涨发展首先利好的就是证券市场，圣彼得堡的大型实业银行主要在该市场中发挥职能作用。依托有价证券业务的开展，这些银行越来越偏离票据贴现业务，而开启了自己的全新业务模式。

但是，恰恰是世纪之交俄国金融市场的崩溃促使银行体系重新回归贴现业务客户群。因此，从1900年开始，贴现业务比例低的银行数量开始下降，1903～1907年，这类银行悄然消失。它们再度出现已是一战前夕俄国证券市场繁荣之时。不过，票据贴现业务占信贷业务总量的比例下降后，新一轮经济增长使银行业务变得愈加多样化。

为更加详尽全面地分析票据贴现业务，首先我们要研究个别银行票据贴现业务的演进路径。出于方便，我们将统计计算结果划分为1864～1899年和1900～1917年两个单独时间段分别研究（见表6-2和表6-3）。

根据对上述两个时期银行票据贴现业务分析的结果，可以得出结论：通常情况下，银行创办几年后会累积一定比例的票据贴现业务，在银行运营的整个时期，这一比例相对不变。不过，总趋势下的例外情况就要求做专门评论。总体看，必须指出的是，相比于19世纪，20世纪银行票据贴现业务在资产业务中所占比例较稳定。如何解释处在各不同历史时期的几家银行贴现业务的不稳定性？这里可以举出几个最具共性的原因。

（1）通常，新建银行的业务模式经常剧烈波动，这些银行也许刚刚制定了累积信贷业务量的原则，结果又会发生变化。由于这一原因，在银行发展早期，即1864～1875年，票据贴现业务比例极不稳定，当时多数银行开始大力发展比例高的票据贴现业务，但是受危机影响，到70年代末，这一比例逐渐下降。

表6-2　1864~1899年票据贴现占银行资产平均份额

单位：%

| 银行 | (1) | (2) | 1864~1875 | | 1876~1880 | | 1881~1894 | | 1895~1899 | |
|---|---|---|---|---|---|---|---|---|---|---|
| | | | 平均 | s | 平均 | s | 平均 | s | 平均 | s |
| 票据贴现占资产平均份额小于、等于20%的银行，1876~1899年 | | | | | | | | | | |
| 里昂信贷银行（圣彼得堡代办处） | 1879 | 4 | | | | | 0.03 | 0.01 | 0.09 | 0.05 |
| 利巴瓦商业贸易银行 | 1872~1882 | 1 | 0.15 | 0.09 | 0.11 | 0.03 | 0.09 | 0.01 | 0.21 | 0.04 |
| 莫斯科国际贸易银行 | 1873 | 3 | 0.14 | 0.07 | 0.13 | 0.05 | 0.12 | 0.05 | 0.14 | 0.04 |
| 圣彼得堡国际商业银行 | 1869 | 4 | 0.17 | 0.05 | 0.20 | 0.03 | 0.14 | 0.04 | 0.11 | 0.02 |
| 圣彼得堡贴现贷款银行 | 1869 | 4 | 0.35 | 0.07 | 0.13 | 0.04 | 0.11 | 0.04 | 0.15 | 0.06 |
| 圣彼得堡私营商业银行 | 1864 | 3 | 0.24* | 0.12 | 0.06 | 0.02 | 0.20 | 0.07 | 0.18 | 0.03 |
| 圣彼得堡-亚速商业银行 | 1887 | 4 | | | | | 0.07 | 0.03 | 0.17 | 0.03 |
| 俄国外贸银行（圣彼得堡） | 1871 | 4 | 0.28 | 0.17 | 0.14 | 0.03 | 0.09 | 0.02 | | |
| 票据贴现占资产平均份额在21%~40%的银行，1876~1899年 | | | | | | | | | | |
| 亚速-顿河商业银行（塔甘罗格） | 1871 | 4 | 0.43 | 0.08 | 0.33 | 0.07 | 0.24 | 0.03 | 0.25 | 0.02 |
| 华沙商业银行 | 1870 | 4 | 0.20 | 0.03 | 0.21 | 0.06 | 0.36 | 0.06 | 0.27 | 0.02 |
| 华沙贴现银行 | 1871 | 2 | 0.34 | 0.05 | 0.30 | 0.05 | 0.32 | 0.05 | 0.43 | 0.08 |
| 伏尔加-卡玛商业银行（圣彼得堡） | 1870 | 4 | 0.41 | 0.05 | 0.36 | 0.07 | 0.33 | 0.04 | 0.34 | 0.03 |
| 沃罗涅日商业银行 | 1873 | 2 | 0.28 | 0.10 | 0.42 | 0.06 | 0.33 | 0.05 | 0.26 | 0.04 |
| 基辅工业银行（从1896年开始改称"南俄工业银行"） | 1871 | 2 | 0.37 | 0.03 | 0.35 | 0.11 | 0.38 | 0.07 | 0.29 | 0.05 |

续表

| 银行 | (1) | (2) | 1864～1875 平均 | 1864～1875 s | 1876～1880 平均 | 1876～1880 s | 1881～1894 平均 | 1881～1894 s | 1895～1899 平均 | 1895～1899 s |
|---|---|---|---|---|---|---|---|---|---|---|
| 基辅私营商业银行 | 1868 | 3 | 0.32 | 0.11 | 0.44 | 0.12 | 0.45 | 0.09 | | 0.04 |
| 基什尼奥夫商业银行 | 1872～1878 | 2 | 0.56 | 0.11 | 0.37 | 0.05 | 0.30 | 0.03 | 0.29 | |
| 克列缅丘格商业银行 | 1872～1894 | 1 | 0.42 | 0.06 | 0.25 | 0.05 | | | | 0.06 |
| 罗兹商人银行 | 1897 | 1 | | | | | | | 0.37 | 0.06 |
| 莫斯科贴现银行 | 1870 | 4 | 0.40 | 0.06 | 0.29 | 0.05 | 0.40 | 0.03 | 0.27 | |
| 尼古拉耶夫商业银行 | 1872～1884 | 1 | 0.65 | 0.12 | 0.21 | 0.08 | 0.15 | 0.03 | | |
| 敖德萨商业银行 | 1870～1878 | 3 | 0.35 | 0.07 | 0.17 | 0.07 | | | | |
| 敖德萨工商银行 | 1889～1893 | 2 | | | | | 0.29 | 0.05 | | |
| 敖德萨贴现银行 | 1879 | 3 | | | 0.17 | 0.05 | 0.24 | 0.05 | 0.28 | 0.03 |
| 奥廖尔商业银行 | 1872 | 3 | 0.35 | 0.12 | 0.27 | 0.05 | 0.36 | 0.05 | 0.30 | 0.03 |
| 普斯科夫商业银行 | 1873 | 2 | 0.35 | 0.05 | 0.26 | 0.05 | 0.25 | 0.02 | 0.27 | 0.06 |
| 圣彼得堡－莫斯科商业银行 | 1884 | 3 | | | | | 0.23 | 0.10 | 0.34 | 0.04 |
| 雷瓦尔商业银行 | 1871～1880 | 2 | 0.18 | 0.05 | 0.28 | 0.05 | | | | |
| 里加商业银行 | 1871 | 3 | 0.33 | 0.13 | 0.22 | 0.05 | 0.22 | 0.05 | 0.36 | 0.04 |
| 俄国工商银行（圣彼得堡） | 1890 | 4 | | | | | 0.22 | 0.04 | 0.21 | 0.04 |
| 西伯利亚贸易银行（叶卡捷琳堡） | 1872 | 3 | 0.31 | 0.07 | 0.29 | 0(06 | 0.22 | 0.04 | 0.24 | 0.03 |
| 梯弗里斯商业银行 | 1872 | 3 | 0.47 | 0.09 | 0.35 | 0.10 | 0.28 | 0.10 | 0.19 | 0.10 |
| 哈尔科夫贸易银行 | 1868 | 3 | 0.36* | 0.13 | 0.27 | 0.02 | | | 0.20 | 0.02 |

续表

| 银行 | (1) | (2) | 1864～1875 | | 1876～1880 | | 1881～1894 | | 1895～1899 | |
|---|---|---|---|---|---|---|---|---|---|---|
| | | | 平均 | s | 平均 | s | 平均 | s | 平均 | s |
| 票据贴现占资产平均份额超出40%的银行，1876～1899年 | | | | | | | | | | |
| 雷瓦尔波罗的海工商银行 | 1898 | 1 | | | | | | | 0.45 | 0.15 |
| 比亚韦斯托克商业银行 | 1897 | 1 | | | | | | | 0.77 | 0.06 |
| 维连卡私营商业银行 | 1872 | 2 | 0.53 | 0.03 | 0.39 | 0.05 | 0.41 | 0.05 | 0.45 | 0.04 |
| 叶卡捷琳诺斯拉夫卡商业银行 | 1872 | 1 | 0.34 | 0.12 | 0.24 | 0.08 | 0.48 | 0.09 | 0.59 | 0.05 |
| 喀山商人银行 | 1873 | 1 | 0.62 | 0.07 | 0.63 | 0.10 | 0.64 | 0.08 | 0.61 | 0.06 |
| 卡缅涅茨－波多利斯基商业银行 | 1873～1879 | 1 | 0.64 | 0.04 | 0.65 | 0.08 | | | | |
| 科斯特罗马商业银行 | 1871 | 1 | 0.65 | 0.09 | 0.53 | 0.07 | 0.54 | 0.08 | 0.54 | 0.08 |
| 莫斯科商业贷款银行 | 1870～1875 | 3 | 0.41 | 0.04 | | | | | | |
| 莫斯科商人银行 | 1866 | 4 | 0.47 | 0.05 | 0.40 | 0.03 | 0.47 | 0.06 | 0.37 | 0.04 |
| 明斯克商业银行 | 1873 | 1 | 0.75 | 0.09 | 0.40 | 0.11 | | | 0.33 | 0.05 |
| 下诺夫哥罗德商人银行 | 1870 | 1 | 0.52 | 0.08 | 0.48 | 0.07 | 0.44 | 0.08 | 0.56 | 0.06 |
| 罗斯托夫－顿河商业银行 | 1871～1876 | 2 | 0.44 | 0.08 | | | | | | |
| 罗斯托夫－顿河商人银行 | 1893 | 1 | | | | | 0.41 | 0.01 | 0.39 | 0.06 |
| 中亚商业银行（塔什干） | 1881 | 1 | | | | | 0.64 | 0.09 | 0.86 | 0.01 |

注：s 为标准误差。

（1）为银行成立和停止经营的时间，如果这一切发生在1864～1899年。

（2）为25%分组，1864～1899年占资产平均份额大小数值排序：1为最小值分组，4为最大值分组。

* 商业借据、定期附息债券等贴现的总额能够反映出双签名票据贴现的情况。

资料来源：Источники: данные для расчетов указаны в примечании 4 к данной главе。

143

表 6-3 1900～1917 年票据贴现现占银行资产的平均份额

单位：%

| 银行 | (1) | (2) | (3) | 1900～1902 平均 | 1900～1902 s | 1903～1907 平均 | 1903～1907 s | 1908～1913 平均 | 1908～1913 s | 1914～1917 平均 | 1914～1917 s |
|---|---|---|---|---|---|---|---|---|---|---|---|
| 票据贴现现占资产平均份额小于、等于 20% 的银行（1900～1913 年） | | | | | | | | | | | |
| 东方银行（彼得格勒） | 1916～1917 | 2 | | | | | | | | 0.11 | 0.01 |
| 里昂信贷银行（驻俄国分支机构） | 1879～1917 | 3 | | 0.19 | 0.03 | 0.18 | 0.06 | 0.19 | 0.06 | 0.07 | 0.09 |
| 米塔瓦商业银行 | 1912～1917 | 2 | 1 | | | | | | | 0.10 | 0.01 |
| 纽约国家银行（彼得格勒分支机构） | 1916～1917 | | 2 | | | | | 0.06 | 0.03 | 0.01 | 0.01 |
| 圣彼得堡国际商业银行 | 1869～1917 | 4 | | 0.20 | 0.04 | 0.22 | 0.08 | 0.20 | 0.02 | 0.19 | 0.03 |
| 圣彼得堡贸易银行 | 1912～1917 | 4 | 3 | | | | | 0.18 | 0.03 | 0.20 | 0.06 |
| 圣彼得堡贴现贷款银行 | 1869～1917 | 4 | | 0.19 | 0.04 | 0.24 | 0.03 | 0.21 | 0.02 | 0.17 | 0.04 |
| 俄国商业银行（彼得格勒） | 1917～1917 | | 1 | | | | | | | 0.15 | 0.03 |
| 俄英银行（圣彼得堡） | 1912～1917 | 2 | 3 | | | | | 0.12 | 0.06 | 0.10 | 0.03 |
| 票据贴现现占资产平均份额在 21%～40% 的银行（1900～1913 年） | | | | | | | | | | | |
| 亚速 – 顿河商业银行 | 1871～1917 | 4 | | 0.28 | 0.02 | 0.29 | 0.02 | 0.26 | 0.03 | 0.23 | 0.03 |
| 雷瓦尔波罗的海工商银行 | 1898～1909 | 1 | | 0.26 | 0.08 | 0.19 | 0.04 | 0.14 | 0.01 | | |
| 华沙信用社银行 | 1911～* | 2 | 1 | | | | | 0.39 | 0.02 | 0.40 | 0.02 |
| 华沙商业银行 | 1870～* | 4 | | 0.25 | 0.01 | 0.23 | 0.03 | 0.23 | 0.01 | 0.23 | 0.01 |

续表

| 银行 | (1) | (2) | (3) | 1900~1902 平均 | s | 1903~1907 平均 | s | 1908~1913 平均 | s | 1914~1917 平均 | s |
|---|---|---|---|---|---|---|---|---|---|---|---|
| 华沙工业银行 | 1911~* | 2 | 2 | | | | | 0.34 | 0.02 | 0.37 | 0.02 |
| 华沙贴现银行 | 1871~* | 3 | 3 | 0.32 | 0.03 | 0.24 | 0.06 | 0.38 | 0.07 | 0.29 | 0.03 |
| 维连卡私营商业银行 | 1872~1917 | 2 | 3 | 0.37 | 0.04 | 0.33 | 0.04 | 0.32 | 0.02 | 0.36 | 0.01 |
| 伏尔加－卡玛商业银行（圣彼得堡） | 1870~1917 | 4 | 4 | 0.37 | 0.02 | 0.38 | 0.03 | 0.35 | 0.02 | 0.36 | 0.03 |
| 沃罗涅日商业银行 | 1873~1917 | 2 | 2 | 0.22 | 0.03 | 0.24 | 0.02 | 0.29 | 0.02 | 0.28 | 0.08 |
| 黄金工业银行（彼得格勒） | 1917~1917 | 1 | 1 | | | | | | | 0.21 | 0 |
| 基辅贸易工业信贷银行 | 1916~1917 | 1 | | | | | | | | 0.36 | 0.11 |
| 基辅私营商业银行 | 1868~1917 | 2 | 3 | 0.33 | 0.06 | 0.36 | 0.04 | 0.30 | 0.04 | 0.29 | 0.04 |
| 罗兹贸易银行 | 1872~* | 3 | 3 | 0.33 | 0.02 | 0.32 | 0.04 | 0.39 | 0.04 | 0.39 | 0.01 |
| 明斯克商业银行 | 1873~1908 | 2 | 4 | 0.30 | 0.07 | 0.31 | 0.06 | 0.31 | 0.02 | | |
| 莫斯科银行 | 1911~1917 | 4 | | | | | | 0.31 | 0.07 | 0.28 | 0.06 |
| 莫斯科国际贸易银行 | 1873~1908 | 4 | 3 | 0.29 | 0.03 | 0.33 | 0.05 | 0.26 | 0.01 | | |
| 莫斯科人民银行 | 1912~1917 | 1 | 3 | | | | | 0.50 | 0.15 | 0.30 | 0.21 |
| 莫斯科贸易银行 | 1871~1917 | 3 | 3 | 0.36 | 0.02 | 0.36 | 0.04 | 0.43 | 0.06 | 0.32 | 0.07 |
| 莫斯科贴现银行 | 1870~1917 | 3 | 3 | 0.41 | 0.04 | 0.44 | 0.08 | 0.37 | 0.05 | 0.35 | 0.03 |
| 敖德萨商人银行 | 1912~1917 | 2 | 2 | | | | | 0.24 | 0.05 | 0.18 | 0.07 |
| 敖德萨贴现银行 | 1879~1917 | 3 | 2 | 0.28 | 0.03 | 0.24 | 0.03 | 0.22 | 0.07 | 0.23 | 0.08 |

续表

| 银行 | (1) | (2) | (3) | 1900～1902 平均 | s | 1903～1907 平均 | s | 1908～1913 平均 | s | 1914～1917 平均 | s |
|---|---|---|---|---|---|---|---|---|---|---|---|
| 奥廖尔商业银行 | 1872～1908 | 3 | | 0.30 | 0.02 | 0.32 | 0.02 | 0.33 | 0.07 | | |
| 彼得格勒商业银行 | 1916～1917 | | 3 | | | | | | | 0.26 | 0.03 |
| 普斯科夫商业银行 | 1873～1912 | 2 | | 0.38 | 0.06 | 0.29 | 0.05 | 0.31 | 0.02 | | |
| 俄国外贸商业银行（圣彼得堡） | 1871～1917 | 4 | | 0.23 | 0.04 | 0.27 | 0.04 | 0.22 | 0.01 | 0.24 | 0.03 |
| 里加商业银行 | 1871～1917 | 3 | | 0.34 | 0.04 | 0.43 | 0.04 | 0.45 | 0.02 | 0.47 | 0.05 |
| 罗斯托夫－顿河商人银行 | 1893～1917 | 2 | 3 | 0.43 | 0.06 | 0.42 | 0.06 | 0.25 | 0.09 | 0.16 | 0.06 |
| 圣彼得堡－亚速商业银行 | 1887～1902 | 3 | | 0.21 | 0.05 | | | | | | |
| 圣彼得堡－莫斯科商业银行 | 1884～1904 | 3 | | 0.32 | 0.01 | 0.35 | 0.01 | | | | |
| 圣彼得堡私营商业银行 | 1864～1917 | 4 | | 0.24 | 0.02 | 0.26 | 0.04 | 0.29 | 0.08 | 0.18 | 0.04 |
| 俄国工商银行（圣彼得堡） | 1890～1917 | 4 | | 0.28 | 0.02 | 0.32 | 0.03 | 0.32 | 0.02 | 0.21 | |
| 俄法商业银行（圣彼得堡） | 1912～1917 | 3 | | | | | | 0.36 | 0.09 | 0.24 | |
| 北方银行（从1910年开始改称俄亚银行）（圣彼得堡） | 1901～1917 | 4 | | 0.41 | 0.06 | 0.33 | 0.05 | 0.26 | 0.06 | 0.15 | 0.03 |
| 北高加索商业银行（阿尔马维尔） | 1912～1917 | | 1 | | | | | | | 0.29 | 0.07 |
| 西伯利亚贸易银行**（莫斯科） | 1872～1917 | 4 | | 0.30 | 0.02 | 0.38 | 0.04 | 0.38 | 0.09 | 0.14 | 0.05 |
| 联合银行（莫斯科） | 1908～1917 | | 4 | | | | | 0.33 | 0.06 | 0.28 | 0.07 |
| 联盟银行（彼得格勒） | 1916～1917 | | 2 | | | | | | | 0.23 | 0.13 |

续表

| 银行 | (1) | (2) | (3) | 1900~1902 | | 1903~1907 | | 1908~1913 | | 1914~1917 | |
| --- | --- | --- | --- | --- | --- | --- | --- | --- | --- | --- | --- |
| | | | | 平均 | s | 平均 | s | 平均 | s | 平均 | s |
| 罗斯托夫－顿河农工银行 | 1899~1910 | 1 | 2 | 0.39 | 0.03 | 0.35 | 0.06 | 0.11 | 0.04 | | |
| 梯弗里斯（高加索）商业银行 | 1872~1917 | 3 | 1 | 0.32 | 0.02 | 0.29 | 0.03 | 0.35 | 0.04 | 0.30 | 0.04 |
| 梯弗里斯商人银行 | 1913~1917 | 1 | 4 | | | | | 0.33 | 0.10 | 0.28 | 0.07 |
| 哈尔科夫贸易银行 | 1868~1901 | 2 | | 0.26 | 0.02 | | | | | | |
| 莫斯科南俄工商银行 | 1871~1908 | 3 | | 0.28 | 0.02 | 0.30 | 0.03 | 0.28 | 0.01 | | |
| 伊·瓦·容克尔商业银行 | 1912-1917 | 4 | | | | | | 0.26 | 0.02 | 0.23 | 0.07 |
| 尤利耶夫银行（数据从1906年开始） | 1869~1917 | 1 | | | | 0.29 | 0.01 | 0.27 | 0.02 | 0.26 | 0.05 |
| 票据贴现占资产平均份额超过40%的银行（1900~1913年） | | | | | | | | | | | |
| 巴库商人银行 | 1914~1917 | | 2 | 0.60 | 0.02 | 0.45 | 0.09 | | | 0.41 | 0.11 |
| 比亚韦斯托克商业银行 | 1897~1913 | 1 | | | | | | 0.44 | 0.03 | | |
| 布祖卢克商人银行 | 1912~1917 | | 1 | | | | | 0.78 | 0.05 | 0.52 | 0.15 |
| 华沙工商银行 | 1911~* | 2 | 1 | | | | | 0.43 | 0.08 | 0.41 | 0.08 |
| 华沙西部银行 | 1913~* | 3 | 2 | | | | | 0.60 | 0.001 | 0.58 | 0.03 |
| 叶卡捷琳诺斯拉夫商业银行 | 1872~1901 | 1 | | 0.63 | 0.02 | | | | | | |
| 喀山商人银行 | 1873~1917 | | 1 | 0.65 | 0.08 | 0.55 | 0.09 | 0.58 | 0.05 | 0.54 | 0.04 |
| 科斯特罗马商业银行 | 1871~1904 | 1 | | 0.43 | 0.04 | 0.45 | 0.01 | | | | |

续表

| 银行 | (1) | (2) | (3) | 1900～1902 平均 | 1900～1902 s | 1903～1907 平均 | 1903～1907 s | 1908～1913 平均 | 1908～1913 s | 1914～1917 平均 | 1914～1917 s |
|---|---|---|---|---|---|---|---|---|---|---|---|
| 威廉商业银行 | 1915～1917 | | 3 | | | | | | | 0.55 | 0.04 |
| 罗兹商人银行 | 1897～* | 2 | | 0.48 | 0.07 | 0.48 | 0.07 | 0.55 | 0.08 | 0.45 | 0.03 |
| 莫斯科商人银行 | 1866～1917 | 4 | | 0.52 | 0.05 | 0.47 | 0.03 | 0.41 | 0.07 | 0.40 | 0.07 |
| 莫斯科私营商业银行 | 1912～1917 | 3 | | | | | | 0.56 | 0.05 | 0.24 | 0.14 |
| 俄国尼德兰银行（彼得格勒） | 1917 | | 1 | | | | | | | 0.69 | 0.03 |
| 下诺夫哥罗德商人银行 | 1870～1917 | 1 | | 0.58 | 0.05 | 0.64 | 0.06 | 0.70 | 0.05 | 0.65 | 0.06 |
| 比尔姆商人银行（彼得格勒） | 1912～1917 | 1 | | | | | | 0.68 | 0.06 | 0.43 | 0.09 |
| 俄国荷兰银行（彼得格勒） | 1916～1917 | | 2 | | | | | | | 0.54 | 0.15 |
| 萨马拉商人银行 | 1908～1917 | 2 | | | | | | 0.64 | 0.13 | 0.25 | 0.09 |
| 斯摩棱斯克商人银行 | 1912～1917 | 1 | | | | | | 0.57 | 0.07 | 0.30 | 0.13 |
| 中亚商业银行（塔什干） | 1881～1909 | 1 | 3 | 0.86 | 0.01 | 0.82 | 0.02 | 0.84 | 0.02 | | |
| 黎里津商人银行 | 1914～1917 | | 1 | | | | | | | 0.47 | 0.18 |

注：s 为标准误差。

（1）为银行经营时间。

（2）为25%分组：1900～1917年占资产平均份额大小数值排序：1表示最小值分组，4表示最大值分组。

（3）表示1914～1917年这一组类似于（2）种情况。

* 一战期间沦陷区幸存的银行。

** 董事会位于叶卡捷琳堡，从1899年开始位于圣彼得堡。

资料来源：Источники: данные для расчетов указаны в примечании 4 к данной главе。

（2）那些未经受住竞争考验的，特别是 1876～1894 年压缩经营的银行，却将自己财务统计衰落的证据留存下来。首先，这一点特别表现在贴现业务量急剧下滑上。例如，基什尼奥夫商业银行（1878 年被清理）贴现业务占资产业务的比例从最初的 56% 缩减到 37%。尼古拉耶夫商业银行（1884 年被清理）在 80 年代初期将贴现业务占资产业务的比例下调至 15%，而 1864～1875 年则为 65%。其次，"濒临破产"银行的票据贴现业务极为不稳定，稳定性指标高度偏离平均值。

（3）许多传统上票据贴现业务占资产业务比例较低的银行，在世纪之交的经济危机以及接下来经济萧条时期反而提高了这个比例。这一现象的出现与下面情况有关：一些银行在 90 年代经济蓬勃发展时期实行的商业政策倾向于大大发展有价证券综合业务，包括工业股票业务（接收有价证券抵押贷款、买卖和发行有价证券）。此类业务高速发展是诠释实业银行概念的义项之一。

19 世纪末的俄国已呈现出这类信贷机构繁荣发展的景象。这是一个银行不断推出新型经营业务即主要针对证券市场业务依法核准的时代。这一时期，"银行实验室"开辟的新兴业务占银行资产业务的较大份额，而传统的贴现贷款业务比例稍有下降。20 世纪初经济危机时期，证券市场承受了最先的也是最重的打击。新的严峻形势促使银行回头重拾传统业务。

（4）第一次世界大战令俄国银行体系遭受沉重打击，蒙受了重大损失。从我们研究对象的观点出发，首先必须指出的是，票据信用的基础遭破坏，稳定的、相对可预测的、井然有序的经济生活保证了关于客户财产及其企业经营方面的可靠信息及时传递到银行。许多银行压缩了贴现业务。从 1916 年开始，在银行财务统计公告里，双签名票据贴现栏指明的还有其他债务。这些债务种类与票据贷款业务没有丝毫共同点，如国库券短期贷款业务。因此，战时的票据贴现统计工作失去了同此前统计工作的可对比性，失去了对比意义。表 6 - 5 中描述战时贴现业务状况的数字可以认为是一组大约的数字。我们掌握的还有不系统的有关短期国债债券①所占资产业务比重的信息；如果将这一切考虑在内的话，那么许多银行的贴现业务比例还可以再减少几乎一半。②

现在我们从对一些情况下票据贴现业务波动原因的解释转向对这一业务整个发展趋势的探索。

革命前俄国大部分股份银行向票据贴现业务投入了 21% ～ 40% 的资金。这些银行中，按资产业务平均数计算，19 世纪应该提到的是圣彼得堡的伏尔加 - 卡玛商业银行（19 世纪按资产业务规模计算排名，伏尔加 - 卡玛商业银行绝对是龙头老大的地位），莫斯科的莫斯科贸易银行、莫斯科贴现银行，南部诸省中的亚速 - 顿河商业银行，西部省份的华沙商业银行。但是，从整体看，这组银行都是省级银行中的佼佼者，也是行业代表，当然，这是相对于资产业务量排在前 2/4 和 3/4 的银行而言。

在票据抵押贷款占资产业务比例高（超出 40%）的一组银行里，省级小银行较有代表性，其票据贴现业务占资产业务的

---

① Сводный баланс акционерных банков коммерческого кредита, действующих в России. Пг., 1916—1917 гг.

② Например, доля краткосрочных обязательств Государственного казначейства в графе баланса 《Учет векселей》 в 1916—1917 гг. у Азовско - Донского коммерческого — 52%, Волжско - Камского коммерческого — 53%, Московского купеческого — 50%, Петроградского Международного — 48%. Однако такие данные есть далеко не по всем банкам.

1/4。在这类银行中，绝大部分银行收入依靠票据贴现这种单一业务。在带有如此业务结构类型的银行中排除莫斯科商人银行这一点很重要，它也是莫斯科最大银行之一，1910年初在全俄排第五。

如果说小型区域银行的票据贴现业务占资产相当高的比例，那么这意味着银行通过个人担保制度实际上耗尽了当地实业精英对贷款的需求。这样一来，小地区或企业主群体对银行服务的需求完全可以通过个人贷款来实现，而个人贷款的基础是客户经营活动的性质及经营信誉等信息的公开和透明化。

在具有广泛的地区方位特征和意义的大银行，通过担保制度可以配置1/4~1/3的资金。接下来拓宽客户群的工作只能依靠那些不能提供足够担保的，或者更确切地说，那些不能列入最重要客户群的人来实现。对于这种情况，存在分散形式的抵押贷款系统。

实际上，几乎所有圣彼得堡的银行，即通常被称为"实业银行"的圣彼得堡国际商业银行、圣彼得堡贴现贷款银行、圣彼得堡-亚速商业银行、俄国外贸银行及俄国工商银行等，都属于对票据贷款业务并未多加关注和重视的银行。几乎所有这些银行都属于资产业务规模质量最优良的那类银行。此外，还有圣彼得堡私营商业银行、里昂信贷银行俄国分部、莫斯科国际贸易银行（1873~1884年开始称为梁赞银行，从1884~1891年开始称为莫斯科梁赞银行）等，按票据贴现业务占资产业务比重较低的情况，这类银行也可以归入这一组银行。票据贴现业务占资产业务比重较低的省级银行几乎不存在。

和俄国所有银行相比，圣彼得堡实业银行的票据贴现业务结构并不典型。我们发现，这些银行是长期以来我国历史编纂学研究的中心对象。正是这类银行的发展史为从事信贷金融机构在俄国工业发展中作用的研究提供了极大可能性。在这种情况下的研究对象是发行辛迪加。发行辛迪加由银行成立，是为了向新建和重组的工业企业股票市场投资。至于票据贴现业务，这些银行并不十分关注。

20世纪初，在从事小额票据贴现业务的银行组里，只剩下这个时代最大实业银行当中的一家，即圣彼得堡国际商业银行和另一家接近于该银行规模的圣彼得堡贴现贷款银行。圣彼得堡几家战前和战时新建的银行也可以归入这组银行。

圣彼得堡的其他银行（实业的或接近实业的）很快将票据贴现业务降到中等规模水平，它们当中有圣彼得堡私营商业银行、俄国工商银行、俄国外贸银行。莫斯科国际贸易银行也经历了同样的演化过程。业务模式接近上述银行的还有圣彼得堡－莫斯科商业银行，但是该银行于1904年停止营业。

总之，可以肯定的是，通常情况下，19世纪70～80年代形成的票据贴现业务占银行业务比重，或者说是19世纪下半期到20世纪初整个这一时期保持在与之前同等水平上的这一比重，或者说过渡到相邻一组银行的比例参考值，所有这些变化都是逐渐发生的，在此过程中没有任何剧烈跳跃或震荡发生，几乎察觉不出由一个极端走向另一个极端的迹象，即由一组银行一下子过渡到另一组相对立或反向发展的银行中去。绝大多数俄国商业银行的票据贴现业务占资产业务量的比重在20%～40%（大约占整个贴现贷款业务的一半，不考虑同业代理银行业务贷款）。小型省属银行主要收入项依托的正是票据贴现。

就占优势地位的信贷业务看，对于19世纪下半期到20世纪初绝大多数俄国股份商业银行来说应该是贴现业务。既然在具有同业公会联系的且牢固程度不同的企业主同盟内部实现了票据贴现业务，那么，只能是那些领导或近乎领导该银行的人才能成为贴现银行客户，或是有机会推荐介绍与该银行有关联的企业主网络联盟中其他成员的那个客户。这里，关于潜力客户究竟和哪一个经济部门有关联性这个问题便具有了次要意义。一战前票据贴现业务"民主化"和强化的过程积极展开，这一切不可避免地导致了同业公会的出现，由于这一点，贴现业务逐渐消失，但在革命前，俄国却没有等到能够接替贴现的业务出现。

## （二）抵押贷款

与票据贴现业务不同的是，抵押贷款不是银行向客户个人提供贷款，不是向对其本人支付能力十分信任的客户个人提供贷款，而是贷给以各种物质形态存在的抵押物。这种情形下，客户个人已经不具有头等重要意义，特别是当他抵押了极其昂贵物品的时候，如抵押国家有价证券。按银行方意见，在操作私人有价证券尤其是股票时，对其发放抵押贷款这一点取决于股票发行机关可靠到什么程度。贷款额度一般明显低于抵押物品的市场价格。

抵押贷款相对无个性特征，这使客户有机会获得贷款。首先，急需大笔贷款的客户（需求金额比银行同意提供的无抵押贷款，即票据贴现业务的贷款金额明显要多得多）有机会达成心愿，即可以为这些客户办理票据抵押贷款；其次，那些没有进入银行传统客户群的人员也能有机会成功获得贷款。

俄国商业银行实务中的基本抵押物有三：一是国家和政府担保的有价证券（国家公债券和铁路公司债券及股票）；二是非政府担保的有价证券（工业股票、城市和地方自治局债券、土地银行土地抵押证）；三是商品及商品货单（凭证、商品说明书）。①

俄国历史编纂学里，有关银行贷款的研究课题主要和工业融资联系起来一起研究。早在根金时代就已最终形成这一研究视角。根金充满预见性地高度关注以下两个专题：第一，作为办理银行贷款抵押物的工业股票；第二，为将工业股票配置到证券市场，银行采用的无期贷款形式。上述这些是 20 世纪俄国历史编纂学中最重要的问题。本书的任务是将这些问题重新置于 19 世纪银行贷款及有价证券业务演变史的大背景下展开深入研究。

俄国商业银行实务中，还有定期贷款和无期贷款两种方式，它们不必提供抵押物就能够办理。短期信贷银行提供的定期贷款按一定期限（如 6 个月、9 个月或 1 年期）发放。无期贷款由银行发放到客户的活期往来账户里，其使用因地制宜，按需提取，客户只支付实际使用的贷款金额生成的利息。无期贷款业务诞生于 19 世纪 70 年代初，进入 80 年代后在银行实践中发展成熟。不过，革命前俄国的无期贷款终究没能完全立法通过，因此，无期贷款业务开展只能依托其他银行业务的法律框架进行。②

史学家最感兴趣的始终是那些透支业务的特例和个别事件。19 世纪 90 年代，为了交易所投机交易，实业银行客户群纷纷使用无

---

① 我们经常遇到票据形式的抵押物，这种抵押物可被视为一般票据贷款的分类，甚至很少会办理贵金属、不动产抵押贷款业务。

② Данилова Е. Н. Юридическая природа операции 《специального текущего счета》. М. , 1914. C. 5.

期贷款。①该项业务机制如下：客户提出要求从银行手里购买有价证券，常常是工业股票，然后将得到的股票作为抵押物抵押给银行办理无期贷款，得到贷款后，客户用这笔贷款再次购买股票，重复操作。这样一来，可用于抵押的有价证券数量增加，同时再次无期贷款额累计增加，之后会开始新一轮的追加购买股票……周而复始，永无止境。当交易所行情看涨，当有价证券牌价因投机热而不断攀升时，就可以实质性地操纵牌价涨跌。这里的主要研究任务是，每一次投机交易时，如何能够及时地看涨止跌。但是，由于处于投机狂热状态，人们往往难以保持头脑清醒，控制自己的投机行为。②

对于实业银行而言，激励客户参与投机交易是它们将工业股票配置销售到证券市场的一部分业务。最初，银行成立了辛迪加，辛迪加负责已发行股票的销售。当有价证券开始少量地进入交易所交易的时候，必须创造条件以使其股价抬升：除了采取全部其他必要措施外，还要树立公众对新发股票能够增值的信心。因此，在销售股票的同时，银行开始接收办理有价证券抵押贷款业务。这样一来，有价证券就成为银行业务经营的重点，围绕该项业务，有价证券发行、信贷及汇率业务相继展开。在这种情况下，银行也成为企业主网络联盟成员，私人有价证券的发行及销售业务同样纳入该网络。

但是，到19世纪末，只有实业银行独自具有上面描述的无期贷款业务特点。圣彼得堡国际商业银行、圣彼得堡贴现贷款银行和圣彼得

---

① Бовыкин В. И., Петров Ю. А. Указ. соч. С. 103.
② Данилова Е. Н. Указ. соч. С. 42 – 48.

堡私营商业银行三家实业银行最先开立了这项业务。贴现银行经营活动中是否涉足这项业务？是否呈现出类似趋势？对此我们不得而知。

我们只能通过财务统计资料了解整个透支业务规模情况。从这份资料里我们得知无期贷款业务缴纳的利息占银行年终总收入的比例（按全部抵押物价值金额计算）。

为弄清楚无期贷款业务在不同银行经营中的规模，让我们先对比以下三组银行的数据。（1）5家圣彼得堡银行，史学家一致认为，其中3家是"俄国实业银行"这一概念的充分体现和化身。这三家银行是圣彼得堡国际商业银行、圣彼得堡贴现贷款银行和圣彼得堡私营商业银行。余下2家十分接近上述实业银行的业务模式，它们是俄国外贸银行和俄国工商银行。（2）传统地归类为储蓄银行的有伏尔加－卡玛商业银行和3家古老的莫斯科银行（莫斯科商人银行、莫斯科贸易银行及莫斯科贴现银行）。（3）4家90年代资产规模最大的省级银行，它们是亚速－顿河商业银行、华沙商业银行、敖德萨贴现银行以及梯弗里斯商业银行。对这组银行无期贷款业务的研究是为了与新旧首都银行的研究工作相平衡。我们发现，史学家只是就新旧首都信贷机构的经营特点达成一致意见，而关于外省银行的经营特点，俄国史学研究专著只提出了银行类型学片段式判断理论。

尽管我们手里掌握着大量有关1864～1917年整个历史时期俄国运营的股份银行最重要科目收入数额的数据资料，但是下面只能举出1894年财政年度、1898年财政年度、1900年财政年度和1903年财政年度各银行总收入中无期贷款收入所占比例的综合数据，为了计算得出这一指标，我们使用了年损益科目。这些数据足以直观描述不同类型银行的业务经营特点，因此也可以看出，19、20世纪之交，俄国银行模式呈现出最大的两极分化以及国家经济发展行情最明显的落差，1894～1898 年俄国革命前经济高速增长阶段为 1899～1903 年的恶性经济危机所取代。

表 6－4 举出的是一组对比数据，说明了 1894 年度、1898 年度、1900 年度和 1903 年度银行业务汇总情况。这样就可以进一步比较分析 19 世纪 90 年代工业快速发展开始和结束阶段银行透支业务情况，在 20 世纪初的危机爆发以及相对"萧条"初期，俄国银行体系的稳定性便一目了然。

表 6－4 揭示出，尽管史学家传统上高度关注实业银行透支业务开展情况，但是在莫斯科和圣彼得堡的贴现银行或是储蓄银行，这项业务具有与实业银行同等重要的意义。只是有一点十分明显，经济危机时期，实业银行的透支业务量大幅下滑，而外省银行无期贷款业务也没有明显的进展。

根据统计数据并不能得出有关实业银行和储蓄银行业务经营特点的结论，对于存在这样一个事实问题的原因，根金解释说，实际上，通过损益账目和资产负债表，我们根本无法区分各种不同抵押物的无期贷款。绝大多数银行的财务报表里，无论是国家的还是私人的有价证券以及商品抵押物等，全部合并成一项或两项，而不是这三类抵押物分门别类单独走账。当试图将这些数据多样化处理时，史学家遇到了许多难以解决的困难。例如，如何将私人有价证券抵押贷款的统计数据同国家有价证券抵押贷款的统计数据分离？之后，又如何将工业股票从私人有价证券抵押物中区分出来？如何根据贷款统计资料大体评价工业融资规模？遗憾的是，对于奢望回答这些难题的人而言，大约从 1897 年才开始推出部分地分开记账国家有价证券、私人有价证券形式的抵押物这一银行实务，而且也仅限于圣彼得堡银行的财务报表。圣彼得堡银行实务的这一事实绝非偶然，当时圣彼得堡银行有价证券总存量里开始出现大量的工业股票。但是即便如此，这一事实也只能用于间接证明实业银行经营性质问题。

表 6 – 4　1894～1903 年俄国商业银行无期贷款利息收入占总收入比例

单位：%

| 银 行 ＼ 年 份 | 1894 | 1898 | 1900 | 1903 |
|---|---|---|---|---|
| 圣彼得堡实业银行 | | | | |
| 　圣彼得堡国际商业银行 | 35 | 29 | 28 | 13 |
| 　圣彼得堡贴现贷款银行 | 43 | 27 | 29 | н-д |
| 　圣彼得堡私营商业银行 | 9 | 16 | 15 | 14 |
| 　俄国外贸银行 | 25 | 15 | 16 | 9 |
| 　俄国工商银行 | 23 | 22 | 16 | |
| 圣彼得堡和莫斯科储蓄银行 | | | | |
| 　伏尔加 – 卡玛商业银行 | 28 | 27 | 32 | 26 |
| 　莫斯科商人银行 | 22 | 31 | 26 | 24 |
| 　莫斯科贸易银行 | 32 | 33 | 28 | 26 |
| 　莫斯科贴现银行 | 21 | 29 | 22 | 19 |
| 外省银行 | | | | |
| 　亚速 – 顿河商业银行 | 9 | 14 | 16 | 14 |
| 　华沙商业银行 | 25 | 20 | 21 | 14 |
| 　敖德萨贴现银行 | 17 | 14 | 33 | 17 |
| 　梯弗里斯商业银行 | 16 | 17 | 17 | 24 |

資料来源：Источник: рассчитано по счетам прибылей и убытков; за 1894, 1898 и 1900 гг.: Статистика краткосрочного кредита. Операции акционерных банков коммерческого кредита. Т. 1. 1894—1900. СПб., 1905; за 1903 гг.: Вестник финансов, промышленности и торговли. Отчеты предприятий, обязанных публичной отчетностью. 1904. № 1—52。

　　由于无法获得自己问题的答案，根金认为，银行财务报表各项账目清单不够详细，其原因是银行掩盖了自己业务经营的特点和性质。这个问题总会发生，但是也可以从另外的立场看待这个问题：如果史料里没有什么相关信息，那就意味着史料中的这部分内容不是很重要。依据我们的观点，应该只是简单地理解为这是一组普通数据，我们从中无法区分出有关贷款统计资料中的抵押物信息，也无法寻找其他的对这一信息的观点和看法。

这样一来，如果依据无期贷款统计资料中最明显的只是它在实业银行和储蓄银行收入里占有的实际比例这样的事实，那么可以假定，这是任何类型的银行都具有的典型业务特色，其发展反映出19世纪俄国银行业演变呈全球化趋势。图6-2和图6-3可以证明这一思想的正确性。这两个图表明了主要贷款业务即票据贴现、定期贷款和无期贷款的动态变化发展情况，1865～1917年股份银行体系综合资产负债表的统计数据。

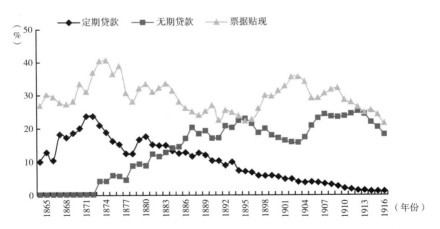

**图6-2　1865～1917年俄国商业银行体系基本贷款业务占资产比例**

资料来源：*Источники*：рассчитано по сводным балансам на 1 января；за 1865— 1912 гг.：Деятельность русских акционерных коммерческих банков в цифровых данных за 1912 г. СПб.，1913；за 1913—1917 гг.：Сводные балансы акционерных банков коммерческого кредита，действующих в России на 1 января 1913－1917 СПб.，1913－1917。

图6-2显示，大约到19世纪70年代中期，抵押贷款通过定期贷款实现；个人贷款通过票据贴现实现；之后才是无期贷款，无期贷款这项业务逐渐排挤掉其他定期贷款业务，并占据了抵押贷款的地位。图6-3能够更加明确这一意义。从图6-3中可以看出，主营贷款业务稳步大幅增长；票据贴现和无期贷款得到实质性同步增长。在此背景下，定期贷款这项银行传统业务彻底瘫痪，几乎处于停滞状态。

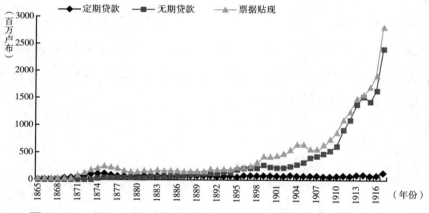

**图6-3  1865～1917年俄国商业银行体系主营信贷业务动态**

资料来源：*Источник*：за 1865—1912 гг.：Деятельность русских акционерных коммерческих банков в цифровых данных за 1912 г. СПб.，1913；за 1913—1917 гг.：Сводные балансы акционерных банков коммерческого кредита，действующих в России на 1 января 1913—1917. СПб.，1913—1917。

银行贷款业务呈现出的这一演变趋势，其原因是定期贷款的关键技术存在弊端，这一业务缺陷极不方便银行配置资金，因为这一资产具有较低的清偿力。提醒大家注意的是，从广义上讲，这是不动产，是投入实业银行业务的资金。清算能力，就是资产的可变现性越高，它就越能快速变成现金。银行投入定期贷款的资金，只能在贷款偿还期期满后才能回笼进入流通领域。当然，在极特别情况下，为了获得现金，可以经客户允许，将办理定期贷款的抵押物在其他信贷机构再次做抵押贷款的，常常是俄国国家银行。但是，为了做到这一点，贷款抵押物就应该具有高度的可变现能力、高清算能力，即能够快速变现。顺便说一下，正是由于这一切，19世纪下半期到20世纪初贷款的主要抵押物是信誉度极高、国家和政府担保的有价证券类。

从投资于无期贷款的资金流动性看，无期贷款大大便利了普通定期贷款业务。办理无期贷款时，大部分资金停留于客户活期往来存款账户，因而资金并未从银行流动资金里提取。因此，无期贷款是一种新型的、特别有效的抵押贷款形式。正是因为这一点，19世纪末无期贷款成为圣彼得堡和莫斯科银行界随处可见的普通银行实务。外省银行相关业务发展十分落后，但是银行实务迟早会呈现出朝向这一方向发展的趋势。

## （三）有价证券业务收入

商业银行重要的资产业务，除了信贷业务外，就是汇率业务。革命前的商业银行同有价证券市场的联系是本节关注的中心。在这方面，实业银行与储蓄银行表现出的特点达到什么程度？必须明确的是，在这一经济领域，究竟有多少家银行获得了相当丰厚的收入？揭示商业银行这位证券市场上的大客户此项业务的具体情况，这样做能够帮助我们弄清整个俄国信贷资金市场的结构、地域性和制度的特点。

我们可以从不同角度深入分析银行在证券市场的活动。但是，首先，必须全面考察银行资产最直接最鲜明的痕迹，即有价证券业务收入状况。简单地从事有价证券业务的银行，其该项业务收入算是银行经营的一个评定指标，它随着证券市场行情波动而同步变化。因此，有必要对上涨行情和下降行情时的银行有价证券业务收入做比较分析。

众所周知，19 世纪下半期到 20 世纪初的俄国证券市场在世纪之交极度低迷。这里指的是 19 世纪 90 年代工业蓬勃发展进程被 1899 年突然爆发的沉重的经济危机阻断。因此，特别令人感兴趣的是研究和考察银行在这两个经济发展周期即上涨和下降时期所从事的有价证券业务收入问题。准确地说，是以 1894 年为起点，即银行这一业务开始稳定增长这一年为研究时间起点。银行业务经营早已显露出正态动态变化趋势，但是其进一步发展受到粮食歉收，继而是 1891 年和 1893 年国家财政收入不佳等不利因素的阻滞。1903 年成为研究时间终点。恰恰是这一年，俄国证券市场继 1899～1901 年经济崩溃后开始企稳，并维持在不是很高的水平上。

首先，为了开展研究工作，我们选取了 21 家商业银行的数据信息。不过，在银行选项上，必须寻求两个相对立的研究任务以便彼此之间达成妥协。一方面，应该将那些商业银行体系中没有起到关键作用的实质性的银行排除掉；另一方面，应该单独研究外省银行的情况。但是，大家知道，俄国最大的银行都坐落在莫斯科和圣彼得堡，因此，按银行资产规模选定银行的标准越高，外省银行入选为研究对象的机会就越小。

总之，新旧首都和外省的代表银行的平衡性成功地得到保证，截至 1899 年 1 月 1 日资产总额超过 2000 万卢布的所有银行都可以被选定为研究对象，即按 1898 年危机爆发前最后时刻算起的资产总额。符合上述挑选标准的共有 21 家银行，包括 8 家外省银行

（见表 6 – 5），其资产额占股份商业银行体系总资产的 92%。处在边缘的有 16 家小型外省银行。

损益表能够反映出银行有价证券收入情况。银行损益表中的年收入和年支出是年度报表的重要部分，打印有限的份数提交给股东大会。

**表 6 – 5　按 1898 年 12 月 31 日资产规模的银行排名**

单位：千卢布

| | | |
|---|---|---|
| 1 | 伏尔加 – 卡玛商业银行（圣彼得堡） | 170618 |
| 2 | 圣彼得堡国际商业银行 | 140843 |
| 3 | 莫斯科商人银行 | 119067 |
| 4 | 俄国外贸银行（圣彼得堡） | 101027 |
| 5 | 亚速 – 顿河商业银行（塔甘罗格） | 84756 |
| 6 | 圣彼得堡贴现贷款银行 | 73699 |
| 7 | 俄国工商银行（圣彼得堡） | 69420 |
| 8 | 华沙商业银行 | 59860 |
| 9 | 莫斯科国际贸易银行 | 58495 |
| 10 | 圣彼得堡私营商业银行 | 50785 |
| 11 | 圣彼得堡 – 亚速商业银行 | 45827 |
| 12 | 莫斯科贸易银行 | 32767 |
| 13 | 西伯利亚贸易银行（叶卡捷琳堡，从 1899 年开始为圣彼得堡） | 30412 |
| 14 | 里昂信贷银行（圣彼得堡） | 30370 |
| 15 | 里加商业银行 | 29114 |
| 16 | 圣彼得堡 – 莫斯科商业银行 | 27593 |
| 17 | 奥廖尔商业银行 | 26935 |
| 18 | 敖德萨贴现银行 | 25315 |
| 19 | 罗兹贸易银行 | 25282 |
| 20 | 莫斯科贴现银行 | 24846 |
| 21 | 梯弗里斯商业银行 | 24236 |

注：括号里为董事会所在地。

资料来源：*Источник*：Сводные балансы акционерных банков коммерческого кредита, действующих в России на 1 января 1899 г. СПб., 1899。

请记住，革命前俄国银行财务报表没有合法的统一规定格式。在各种银行经营种类科目分组的条件下，许多银行但不是全部银行的损益表可以进行对比研究。

让我们以涉及有价证券业务的损益表账目中挑选出来的业务项为例，详细解释上面提到的研究思路。

损益表中的信贷科目或是收入科目，也同样是分开记账的，至少被分成两大部分：（1）利息收入；（2）利润收入。因此，从第一部分必须挑选出全部利息收入，而第二部分则需要挑选出全部有价证券业务的利润收入。

损益表中的有价证券利息收入用各种方式标识。最普及的完整的标记形式是"银行自有计息证券的应计利息"。但是，有时会遇到这样的表达，不局限于银行自有有价证券科目的意义，如"有价证券利息"（圣彼得堡贴现贷款银行）。甚至还会遇到一些账目，其中指出的利息收入，究其实质，不是公债的利息收入，而是代理佣金利息收入："有价证券买卖利息"（莫斯科贸易银行）。在这种情况下，数据的对比性可能通过所研究的概念得到保证。必须指出的是，要挑选出全部种类的有价证券利息收入加以考察。

用类似方式对能够反映有价证券利润收入的业务项目再一次做出筛选。为此，我们还制定了考察全部种类的有价证券利润收入这一概括性原则。

但是，不管什么程度上的集合，对于获取对比性数据都是不足够的。利息和利润两项收入可能难以明显区分开，即单纯地从账户科目名称的字面意义上不能区分开（例如，银行所属有价证券账目：华沙商业银行股票牌价和票面价格差额的利润收入），此外还存在含混不清的情况（例如，莫斯科商人银行"计息债券"这个过于简洁的科目名称）。

因此，如果将全部有价证券业务的现金进项加以合并的话，那么，各种银行的许多数据将可以相互比较分析。

上面阐述的信息涉及贷方账目。但是，从1899年开始出现借方的，或是支出的科目，它涉及我们研究的对象"有价证券业务亏损"。"有价证券重估冲账的亏损科目"属于这个范畴。

需要解释的是，之前的年代并不存在这样的科目。冲销所有亏损科目时，以下三点可以体现出财务报表定义和表述的丰富多样性：首先，为了这个目的，往往划分出一个概括性的科目；其次，贷款亏损往往单独用一行标出，也就是票据贴现和贷款的亏损；最后，如果某种亏损从银行角度讲具有特别意义，亏损问题应该通知各位股东，那么这些损失也应该单独一行标明。似乎，有价证券亏损科目应归属后一类。有价证券亏损科目从1899年危机时开始出现，1902～1903年却很快从财务报表中消失，并重新融合为概括性项目。"有价证券业务亏损科目"的独特性会在财务报表中明显地标出。但恰恰由于这一原因，这个项目操作起来相当困难，只在1899～1901年才或多或少地比较规律地见到该项目。

此外，必须考虑到，银行能够使用两种方式报告有价证券盈利和亏损情况：（1）银行能够根据有价证券利润科目反映收支项余额，即账户科目上收（贷方）支（借方）两项的余额。余额为正数，按利润记账；余额为负数，按亏损记账。这种情况下，有价证券利润收入只用一个业务项显示出来。（2）银行指明了损益表相应部分里有价证券利润分账上的收入和支出情况。我们已经掌握和使用了两组数字。

这样一来，为比较分析银行有价证券业务收入情况，我们必须采用整合性指标, 即财务报表中所有已指明的利息利润总收入, 但有价证券业务亏损总额除外。

因此, 使用损益表可以创建研究需要的时间序列。并且, 所有现存的非对比性数据将被划分出来, 并不在我们的研究范围内。

我们已经掌握了 1894~1900 年每一年全部股份商业银行损益表数据汇总信息, 由银行代表大会委员会搜集整理 (见表 6-6)。[①] 经过与各家银行的通信往来, 委员会解决了数据不可对比的所有问题。1901~1903 年并不存在革命前填制的汇总表。结果, 委员会根据第一手数据将考察的数列扩大到 1901~1903 年 (见表 6-7)。为此, 委员会运用了损益表, 并将该表列入股份银行年度报表。从 1886 年开始, 损益表刊登在《金融工商时报》附录《责任公开企业财务报表公告》里。这是保存最完整的银行损益表全套统计资料。

但是, 在整理分析 1901~1903 年的资料时, 我们遇到了数据对比遭破坏的难题, 并且通常情况下, 鉴于缺少可替代的损益表, 因而这些困难无法解决。因此, 我们只能从研究对象中移出那些损益表中 1901~1903 年的数据对比出现问题的银行。不然, 我们无法实现该项研究的核心思想, 即比较分析经济高涨和经济危机时期有价证券收入情况。总计排除了以下 4 家银行。

(1) 莫斯科国际贸易银行。该行 1901 年、1902 年以及 1903 年公开刊出了决算报告, 这几个会计年度决算报告彼此之间甚至不可比对。第一眼看上去,《金融工商时报》列举出的好像是真实有效的《损益表》中的利润表, 可是在表外部分却指出了大笔亏损注销记

---

① 《短期信贷统计: 1894~1900 年股份商业银行业务》第 Ⅰ 卷, 圣彼得堡, 1905。

表6-6 1894～1900年俄国股份商业银行有价证券业务损益（股份商业银行代表大会委员会汇总）

单位：千卢布

| 银行 | 1894 (1) | 1894 (2) | 1895 (1) | 1895 (2) | 1896 (1) | 1896 (2) | 1897 (1) | 1897 (2) | 1898 (1) | 1898 (2) | 1899 (1) | 1899 (2) | 1900 (1) | 1900 (2) |
|---|---|---|---|---|---|---|---|---|---|---|---|---|---|---|
| 亚速-顿河商业银行 | 156.1 | 101.9 | 145.0 | 103.4 | 205.6 | 127.8 | 273.3 | 102.7 | 193.9 | 51.8 | 229.1 | -119.2 | 221.8 | -162.4 |
| 华沙商业银行 | 115.3 | | 113.4 | | 91.4 | | 74.0 | 30.1 | 182.8 | 58.4 | 278.4 | -43.47 | 278.9 | 19.3 |
| 伏尔加-卡玛商业银行 | 348.1 | 469.7 | 413.2 | 597.8 | 368.8 | 422.7 | 435.7 | 395.7 | 476.9 | 345.2 | 374.7 | 72.0 | 349.7 | -240.0 |
| 罗兹贸易银行 | 29.7 | 1.9 | 44.1 | 0.9 | 53.7 | 2.4 | 93.4 | 14.5 | 100.6 | 6.0 | 119.3 | -52.9 | 132.2 | -93.9 |
| 莫斯科商人银行 | 44.8 | 46.9 | 61.5 | 72.0 | 132.3 | 301.5 | 173.3 | 234.7 | 200.5 | 159.2 | 95.9 | 92.6 | 120.6 | 19.3 |
| 莫斯科贸易银行 | 121.3 | | 127.7 | | 91.4 | | 122.6 | 0 | 125.9 | 16.3 | 66.7 | 0 | 139.4 | -82.1 |
| 莫斯科贴现银行 | 120.7 | | 109.2 | | 82.0 | | 44.1 | 0 | 83.4 | | 5.6 | 0 | 52.6 | -93.4 |
| 敖德萨贴现银行 | 27.5 | 8.3 | 41.0 | 17.5 | 44.5 | 12.7 | 33.3 | 18.6 | 40.4 | 20.2 | 50.4 | -39.0 | — | 0 |
| 奥廖尔商业银行 | 0.0 | 28.5 | 38.5 | | 90.8 | | 122.1 | | 119.8 | 0.0 | 107.5 | -20.5 | 136.7 | -92.4 |

续表

| 银行 | 1894 | | 1895 | | 1896 | | 1897 | | 1898 | | 1899 | | 1900 | |
|---|---|---|---|---|---|---|---|---|---|---|---|---|---|---|
| | (1) | (2) | (1) | (2) | (1) | (2) | (1) | (2) | (1) | (2) | (1) | (2) | (1) | (2) |
| 圣彼得堡－亚速商业银行 | 36.9 | 94.0 | 181.6 | 370.3 | 153.8 | 147.9 | 275.5 | 5.1 | 261.9 | 214.5 | 567.5 | -409.2 | 183.4 | -452.1 |
| 圣彼得堡国际商业银行 | 523.5 | 742.0 | 490.0 | 724.0 | 610.0 | 798.8 | 635.5 | 1033.4 | 615.2 | 819.0 | 753.2 | 35.0 | 771.3 | -1487.9 |
| 圣彼得堡－莫斯科商业银行 | 71.9 | 43.6 | 56.9 | 22.5 | 104.6 | 10.5 | 139.0 | 16.2 | 177.7 | 26.0 | 145.7 | -43.9 | 156.9 | -103.16 |
| 圣彼得堡贴现贷款银行 | 153.4 | 378.6 | 188.1 | 1481.9 | 204.8 | 230.3 | 211.3 | 373.4 | 228.6 | 725.4 | 222.8 | 526.3 | 198.5 | -527.4 |
| 圣彼得堡私营商业银行 | 86.5 | 3 18.4 | 39.9 | 475.5 | 34.4 | 287.1 | 36.4 | 334.4 | 53.1 | 296.2 | 21.0 | 74.0 | 65.3 | -395.5 |
| 俄国外贸银行 | 240.0 | 234.3 | 285.4 | 955.8 | 234.1 | 174.0 | 214.5 | 74.1 | 282.1 | 157.3 | 242.8 | -325.0 | 242.3 | -1074.7 |
| 俄国工商银行 | 53.7 | 131.4 | 90.4 | 235.7 | 110.6 | 132.4 | 107.6 | 97.8 | 117.6 | 367.3 | 117.7 | 11.2 | 120.3 | -158.85 |
| 梯弗里斯商业银行 | 0 | 36.5 | 38.9 | 12.5 | 119.3 | | 115.4 | 23.8 | 130.3 | 65.5 | 175.4 | 1.1 | 148.6 | -79.04 |

注：（1）为有价证券利息，结余额。
（2）为附息债券买卖利润，结余额。

资料来源：рассчитано по：Статистика краткосрочного кредита. Операции акционерных банков коммерческого кредита. Т. I. 1894—1900 гг. СПб.，1905。

表6-7　1901～1903年俄国股份商业银行有价证券业务损益

单位：千卢布

| 银行 | 1901 | | | 1902 | | | 1903 | | |
| --- | --- | --- | --- | --- | --- | --- | --- | --- | --- |
| | (1) | (2) | (3) | (1) | (2) | (3) | (1) | (2) | (3) |
| 亚速－顿河商业银行 | 246.6 | 175.2 | — | 235.7 | 123.8 | — | 325.5 | 24.3 | — |
| 华沙商业银行 | 128.6 | | — | 153.7 | | — | 119.7 | | — |
| 伏尔加－卡玛商业银行 | 329.7 | 448.0 | — | 397.5 | 190.2 | — | 412.0 | 212.0 | — |
| 罗兹贸易银行 | 109.1 | 33.4 | — | 102.1 | 35.4 | — | 100.7 | 29.2 | — |
| 莫斯科商人银行 | 295.3 | | — | 353.5 | | — | 373.3 | | — |
| 莫斯科贸易银行 | 171.3 | | — | 188.4 | | — | 166.5 | | — |
| 莫斯科贴现现银行 | 77.8 | | 55.8 | 122.0 | | 6.6 | 92.1 | | 11.3 |
| 敖德萨贴现现银行 | 61.7 | | — | 92.1 | | — | 57.6 | | — |
| 奥廖尔商业银行 | 58.8 | | — | 160.9 | | — | 159.1 | | — |
| 圣彼得堡国际商业银行 | 693.5 | 47.0 | 1097.4 | 873.1 | 637.3 | 736.1* | 1080.6 | 46.9 | 122.7 |
| 圣彼得堡－莫斯科商业银行 | 158.1 | 0 | 14.6 | 166.5 | 79.5 | — | 117.0 | 34.0 | — |
| 圣彼得堡贴现现贷款银行 | 139.7 | 7.3 | 379.4 | 176.2 | 42.9 | — | 171.5** | 100.5 | 8.5 |

续表

| 银行 | 1901 | | | 1902 | | | 1903 | | |
|---|---|---|---|---|---|---|---|---|---|
| | (1) | (2) | (3) | (1) | (2) | (3) | (1) | (2) | (3) |
| 圣彼得堡私营商业银行 | 165.0 | — | 654.9 | 176.7 | 61.6 | — | 188.3 | 123.2 | — |
| 俄国外贸银行 | 235.0 | 220.6 | 1426.7 | 281.3 | 126.3 | — | 287.7 | 178.7 | — |
| 俄国工商银行 | 119.0*** | 83.7 | 247.5 | 119.0*** | 87.3 | — | 119.0*** | 90.9 | — |
| 梯弗里斯商业银行 | 95.5 | — | — | 141.3 | — | — | 110.4 | — | — |

注：(1) 有价证券利息收入。

(2) 计息证券买卖利润。

(3) 买卖和重估有价证券造成的亏损。

(4) 一字线表示空缺额。

\* 其中有 50 万卢布被转出用作辛迪加准备金。

\*\* 1903 年年度报表里只举出了能带来利息收入的全部业务结余额。因此，有价证券利息收入的数字空缺。有别于有价证券的盈亏，圣彼得堡贴现贷款银行的利息收入相对稳定，因为这里的绝大部分绝大部分收入来自国家有价证券买卖业务，其中 1/3 留作银行的储备资本。

\*\*\* 此处与之前注释描述过的情形类似。1894～1900 年的数列是 53.7、90.4、110.6、107.6、117.6、120.3。本表列举的是 1899～1900 年的平均值，即最后两个数字。

资料来源：Источник: рассчитано по данным из: Вестник финансов, промышленности и торговли. Отчеты предприятий, обязанных публичной отчетностью. 1902－1904. № 1－52.

录。总之，刊出的资产负债表数字表意不明确。

（2）里昂信贷银行。法兰西银行驻俄国分支机构。该银行的财务报表与相关的俄国银行的类似资料不同。

（3）里加商业银行。

（4）西伯利亚贸易银行。

后两家银行公开了不是十分翔实的《损益表》。上面已经提到，《损益表》中的贷方由两个项目栏——利息收入和利润构成。这两家银行刊登出的仅仅是全部既得利息的总余额。该《损益表》中的亏损信息也不够多样化。总之，我们已掌握的只有关于有价证券利润收入的信息，而这些可能仅相当于从证券市场获取的利润收入的一半。

关系到里加商业银行和西伯利亚贸易银行的类似问题，在研究圣彼得堡贴现贷款银行和俄国工商银行的《损益表》时也遇到过。但是，这些问题并不具有如此全面涵盖的性质，有可能适用于外推法的研究。

分析完原始数据，我们转而研究用这些数据计算得出的综合指标：这就是上文已提及的扣除有价证券业务亏损部分后的全部利息和利润收入总和。计算结果以图的形式呈现出来。全部曲线图按照同一比例尺制作完成。

从图6-4到图6-9可以看出，几乎所有银行资产业务的重要部分都分布在圣彼得堡，有价证券业务的上升下滑符合整个证券市场行情动态。这些银行甚至能敏感地察觉到1896年微弱的但绝对是场内交易的危机。

总之，应该指出的是，证券市场表现活跃的银行，经历第一次交易所危机后，它们迅速恢复了业务经营。有三个原因可以解释这个事实，按对危机过程影响的强度看，这三个原因相当复杂：首先，股份商业银行在维持变现清偿能力方面，得到政府大力帮助。

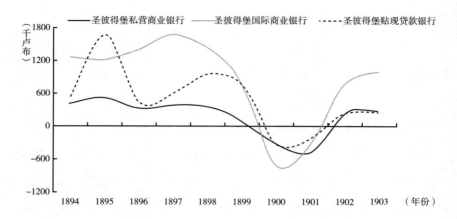

图 6 - 4　1894～1903 年俄国股份商业银行有价证券业务损益

历史学科对这个专题做了详尽研究。[1] 其次，说明亏损项的银行财务报表数字与其说增加了，不如说是减少了。再者，必须考虑到，这些数据用实例说明和描述了经济危机初始状态，即爆发阶段相对来说时间短暂，但是二级交易市场却迅速崩溃。遭受重大损失的银行注销了亏损，限制有价证券市场业务量，一直到市场行情好转再继续拓展业务。为调整和改善信用券总存量，银行还要经历漫长的病态的发展阶段，财务报表其他科目能够说明这一阶段的发展特点。

[1]　Об этом см. : Гиндин И. Ф. Антикризисное финансирование предприятий тяжелой промышленности（конец XIX — начало XX в.）// Исторические записки. М. , 1980. Т. 105. С. 105—149；Бовыкин В. И. Формирование финансового капитала в России. Конец XIX в. — 1908 г. М. , 1984. С. 128—156；Шабалин А. О. Государственное регулирование фондовой биржи в России（1900—1917 гг.）// Финансы. 1994. № 11. С. 58—61；Бугров А. В. Государственный банк и биржевые синдикаты в России, 1899—1917 гг. // Экономическая история：Ежегодник. 2003 / Отв. ред. Л. И. Бородкин, Ю. А. Петров. М. , 2003；и др.

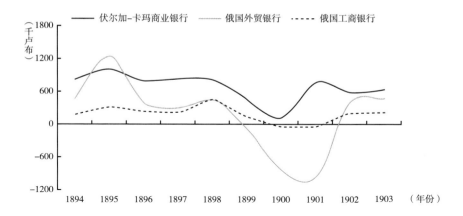

**图 6 - 5　1894～1903 年俄国股份商业银行有价证券业务损益**

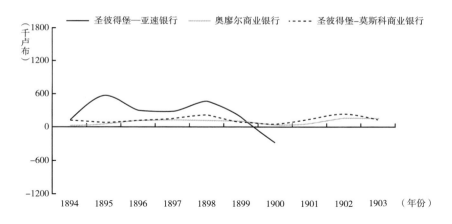

**图 6 - 6　1894～1903 年俄国股份商业银行有价证券业务损益**

必须指出以下 4 家圣彼得堡银行处于有价证券市场业务的领军地位，它们分别是圣彼得堡国际商业银行、圣彼得堡贴现贷款银行、圣彼得堡私营商业银行以及俄国外贸银行（见图 6 - 4 和图 6 - 5）。这类银行，特别是排在前面的三家，当代人以及史学家将之称为实业银行、投机银行、投资银行或拨款银行。这几个术语和概念略带语义差别，但是字面上已经指明银

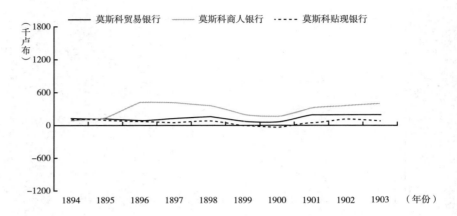

**图 6 – 7　1894～1903 年俄国股份商业银行有价证券业务损益**

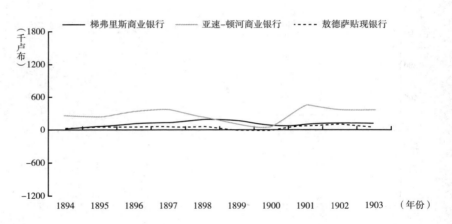

**图 6 – 8　1894～1903 年俄国股份商业银行有价证券业务损益**

行经营的性质，其业务模式轴心显然与证券市场有着密切
联系。

　　这个结论至少关系到俄国工商银行这类受世纪初经济危机严重
影响的信贷机构（见图 6 – 5）。1899 年夏，俄国工商银行大股东
巴维尔·冯·捷尔维斯遭遇破产，成为业界丑闻。受此事件影响，
银行名誉大损，这个恶性事件引发了严重的银行挤兑潮，存款被大

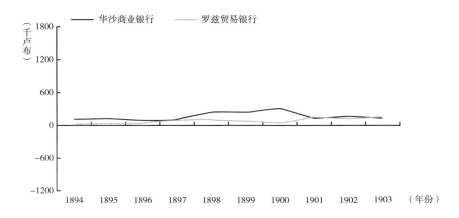

**图 6 - 9　1894～1903 年俄国股份商业银行有价证券业务损益**

量提取，幸好俄国国家银行出手相助，关键时刻向俄国工商银行提供了特别贷款支持，才使该家银行经营活动企稳，经受住了破产的考验。银行财务报表显示，该银行突然少量地直接参与了有价证券市场业务，这与鲍维金的研究分析形成对照。鲍维金认为，作为一家综合性经营的信贷机构，不管怎样，银行经营还是获得了一定的发展。[1]　由于十分清楚银行内部这种管理的无序和混乱状态，虽然是银行的大股东，但冯·捷尔维斯兄弟还是钻了空子，利用这种混乱局面办理了巨额贷款，最终冯·捷尔维斯兄弟破产事件引起社会强烈反响，造成恶劣影响。

　　波利亚科夫兄弟银行团（见图 6 - 6）中，只有圣彼得堡 - 亚速商业银行一家与证券市场直接发生业务联系。该家银行并没有公开刊出 1901 年度的财务报表，于 1902 年 2 月宣告破产。处于银行团中心地位的莫斯科国际贸易银行，正如上文指出的，并

---

　　①　Бовыкин В. И. , Петров Ю. А. Указ. соч. С. 148—149.

没有得到比较分析。这个事实与鲍维金这位著名史学家的观点并不冲突，他认为，波利亚科夫家族的商业帝国已经到了无望的走投无路的地步。

相比之下，波利亚科夫银行团另两个成员——圣彼得堡－莫斯科商业银行以及奥廖尔商业银行与证券市场的联系不那么紧密。这与俄国政府实施的波利亚科夫银团营救计划丝毫不矛盾。众所周知，有关这些银行财务危机方面的文献资料反映出，政府提供的发放给 Л. С. 波利亚科夫本人及其旗下重要企业的就是毫无返还希望的贷款。并且，据政府监察员的评价，该银团拥有运转良好的分支机构网。曾经有段时期，С. Ю. 维特对这个庞大的网络寄予厚望。维特期望在得到足够的国家政府资金支持的前提下，使波利亚科夫银行团经营不利的局面得到扭转。[1]

全俄最大银行即伏尔加－卡玛商业银行的财务报表反映出该行有价证券市场业务具有相对稳定性。根据 1899 年度和 1900 年度的财务报表，银行注销了有价证券业务亏损额，使之恢复到接近危机前的水平（见图 6-5）。

受累于市场行情疲软，有价证券业务受到严重影响的还有亚速－顿河商业银行（见图 6-8）和莫斯科商人银行（见图 6-7）。市场行情下跌影响了莫斯科商人银行驻圣彼得堡分行的经营状况。

余下的各大省城银行与有价证券市场并无瓜葛。

因此，如果仅凭一种单一的业务类型做评判的话，那么远非所

---

[1]  Петров Ю. А. Коммерческие банки Москвы. Конец XIX в. — 1914 г. М.，1998. С. 85 - 87.

有银行的业务都符合关于 19、20 世纪之交俄国宏观经济总发展路径的传统观念。

一个会计年度内银行经营状况的财务总结报告可以作为这一结论的论证基础。为此必须计算得出综合财务指标，即资产收益率。资产收益率是年净利润与年均资产总额之比（12 个月的月资产负债表总额的平均值）。

资产收益率表明，投入资产中的每个单位（在我们这种情况下是每卢布）能带来多少百分比的收入，用来衡量每单位资产创造多少净利润。换言之，资产收益率是最有力地配置资金这一财务政策能否成功实施的指示器。这个指标能够充分体现银行经营管理水平以及银行运营平台金融市场的行情走向。出于战略管理目的，银行管理层将密切关注这一指标的变化情况。并且这个指标仅仅和资产收益部分有关，并不涉及银行的支出业务结构。资产收益率越高，表明银行的盈利能力越强。资产收益率表明银行业务经营赚钱的可能性有多大。这里没有必要考虑银行是否成功地达到了收入最佳优化状态。[1]

为计算资产收益率，我们有必要掌握毛利的数据信息。可以通过损益表查询到这类信息，从中我们可以获取有关有价证券业务方面的数据，为计算年均资产总额，需要运用月资产负债表资料。股份商业银行代表大会委员会负责月资产负债表的汇总。[2]

---

[1]　Панова Г. С. Анализ финансового состояния коммерческого банка. М., 1996. С. 106.

[2]　Статистика краткосрочного кредита. Т. I；Т. 2. Ч. 1. Балансы ак-ционерных банков за 1901 — 1908 гг. СПб., 1910.

　　表 6 – 8 反映了 1894～1898 年俄国经济高涨时期及 1899～1903 年危机时期的资产平均收益率。起初，这项指标按每一会计年度计算得出，之后又抽取一定时期的平均值计算得出。这种情况下的计算是一个校正的过程，因为这里的标准误差应该是 10/100（1/10）。由于这个指标仅在很小范围内波动的特点，计算它时要依赖银行财务报表数据。资产收益率能够反映银行业务没有大的起伏、平稳的动态变化情况，但如果里面列入了不可靠的数据，那就有可能出现波动起伏的情况。[1]

　　从表 6 – 8 可以看出，圣彼得堡银行同 19 世纪 90 年代经济高涨期以及 20 世纪初经济危机期涌现出的那些新兴经济部门的生产经营活动息息相关。同时，莫斯科和各省银行运营地区的金融市场行情并未完全转坏，基本上向好的势头发展，这一切证明这些银行选择了完全另一个经济活动领域。

　　众所周知，90 年代经济高涨时期取得的最初成就是俄国革命前工业化成就的一部分，紧接着俄国经济急剧下滑，这是第一次检验新兴工业部门及与之配套的上层建筑能否经受住历史的严峻考验。尤其是股份公司有价证券历经市场行情剧变、金融市场行情大起大落与 90 年代经济上升期及始于 1899 年的经济急剧下滑密切相关。圣彼得堡银行是这一新兴经济不可分割的组成部分。其业务活动取决于所谓的非担保有价证券行情，或者股份公司的有价证券，即国债和铁路公司债券，这些有价证券均由俄国政府担保。

---

① Панова Г. С. Указ. соч. Глава 3. 3. Финансовые результаты деятельности и ликвидность коммерческого банка. С. 95—115.

### 表 6 – 8　1894～1903 年俄国股份商业银行平均资产收益率

### （年均净利润占资产总额比例）

单位：%

| 银行 | 1894～1898 年 | 1899～1903 年 | 差额 |
|---|---|---|---|
| 董事会位于圣彼得堡 | | | |
| 伏尔加 – 卡玛商业银行 | 5.7 | 5.5 | – 0.2 |
| 圣彼得堡国际商业银行 | 6.0 | 5.6 | – 0.4 |
| 圣彼得堡贴现贷款银行 | 6.0 | 5.2 | – 0.8 |
| 圣彼得堡私营商业银行 | 6.7 | 4.9 | – 1.8 |
| 圣彼得堡 – 亚速商业银行 | 6.6 | | |
| 圣彼得堡 – 莫斯科商业银行 | 5.2 | 4.8 | – 0.4 |
| 俄国外贸银行 | 6.4 | 4.7 | – 1.7 |
| 俄国工商银行 | 5.7 | 4.9 | – 0.8 |
| 董事会位于莫斯科 | | | |
| 莫斯科商人银行 | 5.6 | 5.6 | 0 |
| 莫斯科贸易银行 | 5.4 | 5.7 | + 0.3 |
| 莫斯科贴现银行 | 5.5 | 5.5 | 0 |
| 董事会位于外省 | | | |
| 亚速-顿河商业银行(塔甘罗格) | 5.6 | 5.7 | + 0.1 |
| 华沙商业银行 | 4.4 | 4.7 | + 0.3 |
| 罗兹贸易银行 | 5.3 | 4.9 | – 0.4 |
| 敖德萨贴现银行 | 5.1 | 5.9 | + 0.8 |
| 奥廖尔商业银行 | 6.2 | 6.3 | + 0.1 |
| 梯弗里斯商业银行 | 2.7 | 5.9 | + 3.2 |

资料来源：*Источники*：данные о валовой прибыли：Статистика краткосрочного кредита. Операции акционерных банков коммерческого кредита. Т. I. 1894—1900 гг. СПб. ，1905；Вестник финансов，промышленности и торговли. Отчеты предприятий，обязанных публичнойотчетностью. 1902—1904. № 1—52；данные о ежемесячных активах：Статистика краткосрочного кредита. Т. 1；Т. 2. Ч. 1. Балансы акционерных банков за 1901—1908 гг. СПб. ，1910。

其余俄国银行与金融市场其他的以股息收益为主的部门息息相关。这一点在莫斯科和大多数省行的所有有价证券股息收益项的综合报告里反映出来。这些信贷机构进入证券市场的目的是创建准备金，因此它们主要从事有担保的有价证券业务。

总之，从全俄银行界看，19、20世纪之交的约40家信贷机构中，只有4家圣彼得堡银行涉及有价证券业务。此外，还有3～4家银行的这项业务表现不明显。

## （四）汇率和代理佣金收入及同业往来账户

让我们仔细研究股份商业银行非贴现贷款业务全部获利情况。从上一节内容我们已经知道，能够带来非贴现贷款业务利润的首先是汇率业务。该项业务与有价证券及与之相接近的买卖有价证券及资产密切相关。但是，以在证券市场获利为目的的银行业务系统实际上不仅仅局限于获取有价证券汇率收入和利息收入。这一系统最重要的部分是另一类资产业务，即同业行代理业务。

代理业务总的来说是与同业行委托代理相关的业务类型。这项业务包括以下各项代理服务——代收代付、现金汇兑、结算以及账户服务管理等费用的支付。代理业务收入不只在银行损益表里显示出来。能带来这种收益的重要科目就是同业往来账户。该账户记录了银行同其往来行之间的各种金融委托业务的履行情况。这里的往来行是指那些金融市场大代理商，如银行、著名商贸公司等。在每个具体情况下，银行同其往来行之间的关系，即业务伙伴关系，依据银行同业往来合同调节。合同条款规定了金融业务委托的执行条件及秩序。同业往来账户具有多样化的特点。

汇率业务利润和代理佣金收入属于银行信贷业务范围外的收入。表6－9反映了俄国大型股份商业银行1894年、1898年、1900年和1903年汇率业务收入和代理佣金利润占总收入比例。

表6－9　1894～1903年俄国商业银行同业往来账户汇率业务利润和代理佣金收入占总收入比例

单位:%

| 银　行　年　份 | 1894 | 1898 | 1900* | 1903* |
|---|---|---|---|---|
| 圣彼得堡实业银行 | | | | |
| 　圣彼得堡国际商业银行 | 43 | 42 | 17 | 37 |
| 　圣彼得堡贴现贷款银行 | 34 | 45 | 19 | |
| 　圣彼得堡私营商业银行 | 53 | 40 | 18 | 41 |
| 　俄国外贸银行 | 38 | 31 | 10 | 57 |
| 　俄国工商银行 | 25 | 26 | 22 | |
| 圣彼得堡和莫斯科储蓄银行 | | | | |
| 　伏尔加－卡玛商业银行 | 20 | 12 | 3 | 11 |
| 　莫斯科商人银行 | 9 | 8 | 4 | 5 |
| 　莫斯科贸易银行 | 22 | 16 | 8 | 11 |
| 　莫斯科贴现银行 | 18 | 9 | -1 | 6 |
| 外省银行 | | | | |
| 　亚速－顿河商业银行 | 27 | 22 | 20 | 20 |
| 　华沙商业银行 | 23 | 1 | 23 | 36 |
| 　敖德萨贴现银行 | 17 | 20 | 1 | 17 |
| 　梯弗里斯商业银行 | 15 | 24 | 19 | 12 |

　＊ 有价证券业务亏损不包括在内。

　资料来源: Источник: рассчитано по счетам прибылей и убытков; за 1894, 1898 и 1900 гг.: Статистика краткосрочного кредита. Операции акционерных банков коммерческого кредита. Т. 1. 1894—1900. СПб., 1905; за 1903 г.: Вестник финансов, промышленности и торговли. Отчеты предприятий, обязанных публичной отчетностью. 1904. № 1—52。

　　按汇率收入和代理佣金收入在 19 世纪 90 年代经济高涨时期所起到的历史作用看，我们可以从俄国最大的银行中划分出一批实业银行（上述两项收入占总收入的 1/2）。有趣的是，外省的亚速－顿河商业银行这两项收入甚至高出首都储蓄类银行的同类项（1894 年达到 34%）。莫斯科储蓄银行上这些业务总体相对落后，特别是莫斯科商人银行。经济危机时，实业银行对汇率代理综合业务的依赖性已经开始下降，尽管仍保持着很高的比例。

　　表 6－10 表明，19 世纪 90 年代，圣彼得堡大型实业银行具有的基本特征是银行业务服务于有价证券市场。这一时期的汇率业务利润实际上达到史无前例的水平：私营商业银行的这项业务 1894 年占总收入的 36%，国际商业银行 1894 年达到 32%，贴现贷款银行 1898 年为 26%。经济危机时，这项业务遭受毁灭性打击，危机初期，圣彼得堡银行清偿了有价证券业务的亏损部分。

表 6－10　1894～1903 年俄国商业银行买卖差价业务收入占总收入比例

单位：%

| 银行 ＼ 年份 | 1894 | 1898 | 1900* | 1903* |
|---|---|---|---|---|
| 圣彼得堡实业银行 | | | | |
| 　圣彼得堡国际商业银行 | 32 | 24 | －9 | 13 |
| 　圣彼得堡贴现贷款银行 | 21 | 26 | －6 | |
| 　圣彼得堡私营商业银行 | 36 | 17 | －11 | 14 |
| 　俄国外贸银行 | 14 | 12 | －13 | 14 |
| 　俄国工商银行 | 12 | 15 | 0 | |
| 圣彼得堡和莫斯科储蓄银行 | | | | |
| 　伏尔加－卡玛商业银行 | 13 | 11 | 2 | 7 |
| 　莫斯科商人银行 | 4 | 7 | 3 | 4 |
| 　莫斯科贸易银行 | 13 | 12 | 5 | 8 |

| 银　　　　行＼年　份 | 1894 | 1898 | 1900* | 1903* |
|---|---|---|---|---|
| 莫斯科贴现银行 | 18 | 9 | -1 | 5 |
| 外省银行 | | | | |
| 　亚速－顿河商业银行 | 17 | 10 | 6 | 6 |
| 　华沙商业银行 | 9 | 13 | 12 | 9 |
| 　敖德萨贴现银行 | 4 | 7 | 1 | 4 |
| 　梯弗里斯商业银行 | 6 | 17 | 10 | 8 |

＊有价证券业务亏损不包括在内。

资料来源：Источникам. Таблицу 18。

但是，实业银行汇率业务实际上并没有完全彻底地销声匿迹，正如人们假定的那样，受其影响的主要是汇率业务及同业代理行业务总收入，即非信贷业务收入（见表6-9）。这些银行业务模式具有的稳定性源于同业往来账户极高的流动性。如果单独研究银行同业往来账户的代理业务收入，那么就会清楚这项业务与有价证券业务不同，没有受到危机影响，收入并没有减少（见表6-11）。

**表6-11　1894～1903年俄国商业银行收入中同业往来账户佣金代理利息收入占总收入比例**

单位：%

| 银　　　行＼年　份 | 1894 | 1898 | 1900 | 1903 |
|---|---|---|---|---|
| 圣彼得堡实业银行 | | | | |
| 　圣彼得堡国际商业银行 | 12 | 18 | 26 | 23 |
| 　圣彼得堡贴现贷款银行 | 12 | 19 | 27 | н/д |
| 　圣彼得堡私营商业银行 | 17 | 24 | 29 | 23 |
| 　俄国外贸银行 | 24 | 19 | 22 | 38 |
| 　俄国工商银行 | 12 | 11 | 22 | н/д |

续表

| 银　　　　年　　　　份 行 | 1894 | 1898 | 1900 | 1903 |
|---|---|---|---|---|
| 圣彼得堡和莫斯科储蓄银行 | | | | |
| 　伏尔加－卡玛商业银行 | 7 | 1 | 1 | 3 |
| 　莫斯科商人银行 | 6 | 1 | 1 | 0 |
| 　莫斯科贸易银行 | 9 | 4 | 4 | 0 |
| 　莫斯科贴现银行 | 0 | 0 | 0 | 0 |
| 外省银行 | | | | |
| 　亚速－顿河商业银行 | 16 | 12 | 14 | 11 |
| 　华沙商业银行 | 12 | 8 | 10 | 25 |
| 　敖德萨贴现银行 | 15 | 13 | 0 | 12 |
| 　梯弗里斯商业银行 | 1 | 7 | 9 | 4 |

资料来源: *Источник*: см. Таблицу 18。

　　根金详细研究了同业往来账户业务,但他只是从资产负债表数据入手,而资产负债表结构有别于损益表。损益表会指明整个同业往来账户的代理业务收入情况。根金研究的资产负债表里的该项业务看上去有所不同(见表6－12)。

表6－12　俄国股份商业银行资产负债表中同业往来账户资产项

| 银行同业往来代理账户开立的贷款 | 担保抵押贷款 | 国债和政府担保有价证券 |
|---|---|---|
| | | 非政府担保有价证券 |
| | | 商品和商业借据 |
| | 信用放款(无担保贷款) | |
| 同业往来账户为银行开立的贷款 | 银行支配的游资 | |
| | 同业往来账户票据贴现 | |

　　资料来源: *Источник*: Сводный баланс акционерных коммерческих банков на 1 января 1899. СПб. , 1899。

　　编制表6-12十分必要，因为它较为直观地反映了根金为揭示财务报表含有的工业融资与工业贷款信息而研发的方法论所占据的中心地位。表6-12表明："'非担保有价证券担保的同业往来账户来账或彼方账户'能够说明银行辛迪加发行业务。"[①] 应该注意到，为了共同的有价证券业务，银行成立了辛迪加，全部辛迪加通过同业往来账户彼方账户办理贷款。19世纪90年代，有价证券市场出现了相对崭新的大众化有价证券，即工业红利股票。圣彼得堡实业银行红利股票业务同样通过同业往来账户彼方账户办理，并且相比俄国其他工业区，圣彼得堡银行资产负债表中这些科目的余额要高出许多（见表6-13）。

　　19世纪90年代经济高速发展的特点是新兴工业企业股票潮水般首次涌入有价证券市场。实业银行也是重要的交易代理商，开始积极从事新上市的工业股票业务，就像操作普通但成长快速的有价证券一样。但是这一切并不是经济蓬勃发展初期发生的，而是临近19世纪末期时发生的。这里的1896～1897年币制改革似乎成为上述情况的分界线。币制改革稳定了俄国货币，实业银行失去了投机交易信用卢布的机会，信用卢布是90年代上半期证券市场的主要投机交易对象。结果，银行将工作重心转向工业红利股票，工业红利股票成为90年代末期最主要的投机交易目标。

　　正因为如此，19世纪90年代上半期，实业银行的汇率业务收入独占鳌头。90年代末期，这些银行的经营活动中，同业往来账户业务开始占有越来越重要的地位，并且这一业务领域之所以表现出积极性，正是因为这类账户可以获取丰厚的代理佣金利润。1899年下

---

① 　Гиндин И. Ф. Русские коммерческие банки. С. 385.

表6-13　1899年1月1日综合资产负债表中同业往来账户贷方账户

单位：千卢布，%

| 银行 | 担保抵押贷款 | | | | 信用放款 | 总计：占资产比例 % |
|---|---|---|---|---|---|---|
| | 担保的有价证券 | 非担保有价证券 | 商品 | 商业借据 | | |
| **圣彼得堡实业银行** | | | | | | |
| 圣彼得堡国际商业银行 | 5382 | 8201 | 1435 | 1378 | 1724 | 26 |
| 圣彼得堡贴现贷款银行 | 9461 | 7177 | 0 | 1095 | 2846 | 35 |
| 圣彼得堡私营商业银行 | 464 | 5728 | 1027 | 2457 | 505 | 43 |
| 俄国外贸银行 | 2046 | 7321 | 4900 | 3888 | 4439 | 27 |
| 俄国工商银行 | 2232 | 1174 | 789 | 755 | 444 | 14 |
| **圣彼得堡和莫斯科储蓄银行** | | | | | | |
| 伏尔加－卡玛商业银行 | 363 | 1067 | 0 | 1623 | 1644 | 4 |
| 莫斯科商人银行 | 308 | 151 | 0 | 314 | 701 | 2 |
| 莫斯科贸易银行 | | 737 | | | 1670 | 9 |
| 莫斯科贴现现银行 | 39 | 403 | 0 | 146 | 363 | 4 |
| **外省银行** | | | | | | |
| 亚速－顿河商业银行 | 441 | 2381 | 1387 | 2119 | 1626 | 9 |
| 华沙商业银行 | 35 | 2041 | 662 | 78 | 2544 | 19 |
| 敖德萨贴现现银行 | 0 | 456 | 0 | 0 | 1690 | 15 |
| 梯弗里斯商业银行 | | 0 | | | 16709 | 30 |

资料来源：*Источник：Сводный баланс акционерных коммерческих банков на 1 января 1899. СПб., 1899。*

半年，当交易所纷纷倒闭的时候，一切变得明朗化，工业股票原则上讲是一类新型基金，它要求特殊的操作方式。已毫无价值可言的股票记入银行会计账簿，今天这些数据却成为银行与工业关系的考察依据。20世纪最初十年，银行只能是不仅调整自己与业务优势部门关系使之步入正轨，而且要建立在与工业企业打交道、操作它们的股票时可以规避风险的新机制。

### （五）资产业务：总结

因此，实业银行的"外部特征"是汇率业务和代理业务的综合体。交易所高潮时期，这类业务吸引了实业银行1/4或1/3资产的资金投入，但是，由于严重的经济危机的爆发，有价证券市场上的实业银行已经被同化成储蓄银行，对于储蓄银行来说，汇率业务和代理业务已经不是典型的业务。统计数据背后隐含着这些事实。

实业银行同业往来账户佣金收入不仅仅来自一般的跨地区汇兑业务。这些汇兑业务往往在金融市场大代理商之间进行，如银行、其他金融信贷机构、大型商贸公司等。除此之外，佣金收入还来自银行辛迪加成员之间在有价证券场内交易的费用支付。后面情况下的同业往来账户佣金收入是包括汇率业务在内的整个收入的构成部分。通常情况下，大额账户不是储蓄银行和外省银行具有的典型特点。

投机透支进入实业银行业务系统，但实际上，银行财务报表显示不出这项业务信息。因此，根据财务统计数据判断，整个贷款并不是区分实业银行和储蓄银行的特征。对于所有信贷机构而言，这些业务的整个动态变化趋势具有一致性。投机透支业务由一般抵押贷款发展为特别往来账户贷款，或者说是投机透支，这是任何类型的银行典型具有的，影响到 19 世纪俄国银行实务的演化呈现全球化趋势，这一切与抵押贷款业务得到强化有关。

实业银行关乎服务有价证券市场的综合业务达到相当高的发展程度，间接地表达了对票据信用有些许"轻视"的态度，而票据信用却是俄国其他地区银行的基础业务。诚然，经济高涨时期，当有价证券市场有更多赚钱的机会时，这一特点的表现程度最深。

## 二　负债业务：自有资金和借入资金的比例关系

实业银行与储蓄银行的区别还表现在负债方面。

应该提醒大家注意的是，不取决于经济大环境，银行负债或者说资金源，具有头等重要意义，因为银行能够仅仅在现有货币资金范围内实现资产业务。[①]所以，银行经营管理中负债管理具有决定性意义。这项经营活动在于寻求合理的资金配置，从各种渠道吸引资金。这里必须考虑到为吸引资金的费用支出和这些借贷资金投入资产业务为银行创收获得利润之间的比例关系。资金源的稳定性说明银行体系发展已成熟起来。必须从基本业务平衡发展的角度评价革命前商业银行负债的状况。

本书根据月资产负债表、年发生额汇总表、年损益表等，甚至还吸收了商业银行在圣彼得堡交易所挂牌上市股票的价格数据对负债研究分析。研究参照了 1898 年全年的相关数据（1898 年 1 月 1 日到 1899 年 1 月 1 日），这也是 90 年代工业飞速发展的最后一个整年。[②]

---

① Панова Г. С. Указ. соч. С. 47.

② Статистика краткосрочного кредита. Операции акционерных банков коммерческого кредита. Т. 1. 1894—1900. СПб. , 1905.

有别于资产业务，19世纪末商业银行负债业务结构大体符合时代发展水平。正如上文提及的，负债由银行自有资金和吸引的外来资金构成。自有资金是银行股本、准备金以及上年度未分配利润。吸引的外来资金分为储蓄存款和借入资金。现代银行实践对储蓄存款和借入资金的理解是可从各种资金市场动员的资金。假如存款是客户以储蓄存款和往来活期账户形式存入银行的资金，那么，借入资金是跨行中间市场上动员的资金，那些大的金融代理商直接对借入资金产生影响。[1] 19世纪俄国银行经营活动中，不仅同业往来账户负债方，而且银行也在其他信贷机构，往往是俄国国家银行在做再贴现业务及源于再贴现的有价证券再抵押业务时，都是这样理解借入资金这个概念的。从表6-14可得知，19世纪俄国银行运用相当数额的自有资金开展工作，这种情况下的自有资金平均为负债的20%多。通过比较可知，现代银行的负债中自有资金所占比例一般不高于10%。[2]圣彼得堡实业银行自有资金比例最高。

表6-14　1898年俄国银行自有资金

单位:%，卢布

| 银行 | 自有资金占负债比例 | 每单位固定资本红利(票面价格) | 每单位固定资本红利(实际价格) |
|---|---|---|---|
| 圣彼得堡实业银行 | | | |
| 　圣彼得堡国际商业银行 | 38 | 0.14 | 0.054 |
| 　圣彼得堡贴现贷款银行 | 23 | 0.17 | 0.055 |

---

[1]　Панова Г. С. Указ. соч. С. 35.

[2]　Там же. С. 55.

续表

| 银行 | 自有资金占负债比例 | 每单位固定资本红利（票面价格） | 每单位固定资本红利（实际价格） |
|---|---|---|---|
| 圣彼得堡私营商业银行 | 36 | 0.12 | 0.054 |
| 俄国外贸银行 | 26 | 0.10 | 0.052 |
| 俄国工商银行 | 19 | 0.08 | 0.057 |
| 圣彼得堡和莫斯科储蓄银行 | | | |
| 伏尔加－卡玛商业银行 | 12 | 0.29 | 0.056 |
| 莫斯科商人银行 | 14 | 0.21 | 0.064 |
| 莫斯科贸易银行 | 25 | 0.09 | — |
| 莫斯科贴现银行 | 20 | 0.11 | |
| 外省银行 | | | |
| 亚速－顿河商业银行 | 19 | 0.16 | 0.060 |
| 华沙商业银行 | 26 | 0.11 | 0.052 |
| 敖德萨贴现银行 | 11 | 0.10 | — |
| 梯弗里斯商业银行 | 3 | 0.18 | 0.083 |

资料来源：*Источник*：рассчитано по данным из：Статистика краткосрочного кредита. Операции акционерных банков коммерческого кредита. Т. 1. 1894—1900. СПб.，1905。

银行自有资金这样一种结构含有多大的目的性？为深入思考这一问题而掌握的信息令我们能够分析1898年银行的红利分配政策。表6－14第三列里统计的红利发放比例，是按照每单位固定资本票面价格计算得出。至于银行领导层是根据什么推理和想象得出的这个比例关系，确定了红利发放的数额，第四列给出了答案。第四列反映了实际发放的红利比例，即充分考虑银行股票市场交易价的波动变化从而随时校正指标，这一时期，基本上是其面值的2～2.5倍。因此，得出的结论是，事实上，银行大约支付与自己有价证券业务利息大体相当的红利利息，就比例而言，圣彼得堡的银行在

5%～5.5%，外省的银行在5.6%～6.5%。

　　这些数据使我们能够从资金的价格这一角度研究银行固定资本问题。19世纪90年代末，有价证券市场支付的红利充分反映的不是银行会计年度内经营的效益，而是同期的银行资本的市场价值。红利的支付不低于这一市场价，这是90年代银行实行的红利发放政策，旨在维持自有资金的稳定性。

　　按照价格的稳定性，唯一能够与银行自有资金相比的资金来源是定期存款。19世纪末，定期存款的利率在3%～4%，尽管考虑到这一负债对于银行自身来说业务支出较为昂贵。

　　储蓄业务分析结果详见表6－15，据此我们得出如下结论：这类资金实际上并不是实业银行吸引来的。俄国储蓄业务成本相对较高，导致了实业银行更喜欢增量自有资金，拒绝吸收储蓄存款。作为稳定的资金，储蓄存款仅在储蓄银行的负债里赢得了优势，如伏尔加－卡玛商业银行和莫斯科各储蓄银行。这些银行在固定资本额不是很高的情况下拓宽了高息储蓄业务。

**表6－15　1898年俄国商业银行储蓄存款**

单位:%

| 银行 | 占负债比例 | 以1卢布为单位的比例 | 一年期借贷资金稳定性 |
|---|---|---|---|
| 圣彼得堡实业银行 | | | |
| 　圣彼得堡国际商业银行 | 1.4 | 4.1 | 106 |
| 　圣彼得堡贴现贷款银行 | 0.5 | 2.9 | 62 |
| 　圣彼得堡私营商业银行 | 5 | 3.9 | 114 |
| 　俄国外贸银行 | 1.4 | — | — |
| 　俄国工商银行 | 0.9 | 2.7 | 52 |

| 银行 | 占负债比例 | 以1卢布为单位的比例 | 一年期借贷资金稳定性 |
|---|---|---|---|
| 圣彼得堡和莫斯科储蓄银行 | | | |
| 　伏尔加－卡玛商业银行 | 25 | 3.8 | 90 |
| 　莫斯科商人银行 | 47 | 4.5 | 101 |
| 　莫斯科贸易银行 | 34 | 4.9 | 99 |
| 　莫斯科贴现银行 | 24 | 3.9 | 82 |
| 外省银行 | | | |
| 　亚速－顿河商业银行 | 5 | 3.4 | 82 |
| 　华沙商业银行 | 6 | 2.8 | 77 |
| 　敖德萨贴现银行 | 26 | 2.5 | 60 |
| 　梯弗里斯商业银行 | 11 | 4.7 | 103 |

　　＊ 一年期信贷资金稳定性（一个季度、一个月等）这一术语表示：资产负债表部分吸入资金可用于贷款的发放，但前提是银行要从吸入资金中留存足够的可变现款准备金。如果指标超出100％，这意味着，资金超出指定的期限，在该种情况下超过一年。

　　资料来源：*Источник*：рассчитано по：см. источник к Таблице 23。

　　1898年银行全部其他负债业务构成低息的却是短期贷款资金（见表6-16）。首先，往来账户活期存款及同业代理行存款构成这类低息贷款资金。依托这两类业务，整个信贷资金源成本降低，主要通过这些业务资金的巨大流动性，动员了短期贷款业务资金。

　　这里最令人感兴趣的是同业代理行账户。圣彼得堡实业银行从这类资金中获得了30％～50％的贷款资金。因此，圣彼得堡的一些实业银行的资金实际上来源于两大类：自有资金和同业代理行资金。这类负债被认为极不多元化。这种情况令银行陷入依附交易所行情走势的被动境地，严重依附国内外中间市场的经营状况。换言之，圣彼得堡实业银行吸引资金的政策极具冒险性。

　　逻辑上讲，实业银行拥有的这种相对来说较低利息资金源为银行提供了有力配置资金的机会和可能性。运用资产效益指标可以检验这种推理的合乎逻辑性。资产效益指标说明了银行投放的每单位货币资金能够带来多少净利润。从表6－17可知，实际上，大型实业银行最大限度地捕捉到了19世纪90年代交易热带来的难得的机遇。俄国工商银行的指标相对较低的原因是实业银行负债贬值，这为资产业务高回报率奠定了基础。负债贬值意味着信贷资金具有不稳定性，这一切导致了圣彼得堡一些银行被清理的命运。实业银行再贴现再抵押业务数据已经指明了这一切（见表6－16）。通过对这项业务的分析，我们得出了如下结论：例如，俄国工商银行每一季度都会向俄国国家银行提出申请办理再贴现和再抵押贷款业务，银行通过这几项业务能够解决专项特别贷款资金源的问题。

　　俄国储蓄银行具有的典型特点是负债结构中低息资金所占比例较低。这类银行对资金的管理政策似乎是试图最大化地增加储蓄业务，同时降低自有资金比例，因为只有这种稳定的资金配比关系才能为我们提供合理的资产效益和资本利润率指标。但是，只有伏尔加－卡玛商业银行和莫斯科商人银行成功计算出了这些指标。在这一类型的其他几家银行（莫斯科贸易银行和莫斯科贴现银行）1898年会计年度数据汇总中，这些指标显得微不足道（见表6－17）。

　　因此，俄国银行具有两种吸引资金的模式。其中，实业银行的模式是将大部分固定资本视为稳定资金并与中间市场的短期资金结合，形式是同业往来行账户资金。储蓄银行的模式是集中累积储蓄存款，以很少数额的固定资本作为后续补充资金。与实业银行的模式相同，储蓄银行低息资金的来源是往来活期账户资金。

表6－16　1898年俄国商业银行短期资金

单位：%

| 银行 | 往来账户 | | (1)* | | (2) | (3) | 再贴现再抵押(4) | | | |
|---|---|---|---|---|---|---|---|---|---|---|
| | (3) | (4)** | (2) | (3) | | | 第一季度 | 第二季度 | 第三季度 | 第四季度 |
| **圣彼得堡实业银行** | | | | | | | | | | |
| 圣彼得堡国际商业银行 | 14 | 1.90 | 24 | 43 | 1 | 333.73 | 102 | 0 | 0 | 0 |
| 圣彼得堡贴现贷款银行 | 24 | 2.94 | 47 | 48 | 0 | 0 | 0 | 0 | 0 | 0 |
| 圣彼得堡私营商业银行 | 11 | 1.82 | 26 | 32 | 0 | 0 | 0 | 0 | 0 | 0 |
| 俄国外贸银行 | 21 | — | 46 | 12 | 4 | 0 | 102%～1年期 | | | |
| 俄国工商银行 | 10 | 3.20 | 34 | 33 | 18 | 11.68 | 68 | 69 | 84 | 102 |
| **圣彼得堡和莫斯科储蓄银行** | | | | | | | | | | |
| 伏尔加－卡玛商业银行 | 35 | 1.84 | 30 | 8 | 4 | 1.49 | 46 | 0 | 0 | 0 |
| 莫斯科商人银行 | 16 | 2.02 | 30 | 8 | 7 | 2.42 | 34 | 10 | 10 | 9 |
| 莫斯科贸易银行 | 17 | 2.44 | 29 | 10 | 11 | 2.10 | 46 | 7 | 7 | 11 |
| 莫斯科贴现银行 | 20 | 1.15 | 19 | 24 | 10 | 3.25 | 48 | 8 | 14 | 22 |

续表

| 银行 | 往来账户 | | | (1)* | (2) | (3) | 再贴现再抵押<br>(4) | | | |
|---|---|---|---|---|---|---|---|---|---|---|
| | (3) | (3) | (4)** | (2) | | | 第一季度 | 第二季度 | 第三季度 | 第四季度 |
| 外省银行 | | | | | | | | | | |
| 亚速－顿河商业银行 | 28 | 4.00 | 32 | 17 | 1 | 1.96 | 23 | 14 | 0 | 0 |
| 华沙商业银行 | 13 | 3.32 | 55 | 27 | 2 | — | 52 | 37 | 35 | 30 |
| 敖德萨贴现银行 | 35 | 3.86 | 48 | 10 | 1 | 5.36 | 9 | 4 | 0 | 0 |
| 梯弗里斯商业银行 | 6 | 1.73 | 36 | 47 | 0 | 0 | 0 | 0 | 0 | 0 |

注：(1) 为同业代理行账户。

(2) 为占负债比例（%）。

(3) 为每千卢布占分比，卢布计（以1000卢布为单位,%）。

(4) 为3月期短期信贷资金的稳定性（%）。

* 根据文献资料的特点，同业往来账户计算的只是占负债的比例。

** 参见表6－15附注。

资料来源：Источник: рассчитано по: см. источник к Таблице 23.

表 6 – 17 　　　1898 年俄国商业银行资产收益率

| 银行 | 资产收益率（%） |
|---|---|
| 圣彼得堡实业银行 | |
| 　圣彼得堡国际商业银行 | 3.79 |
| 　圣彼得堡贴现贷款银行 | 3.11 |
| 　圣彼得堡私营商业银行 | 4.18 |
| 　俄国外贸银行 | 3.11 |
| 　俄国工商银行 | 1.62 |
| 圣彼得堡和莫斯科储蓄银行 | |
| 　伏尔加 – 卡玛商业银行 | 2.82 |
| 　莫斯科商人银行 | 2.27 |
| 　莫斯科贸易银行 | 2.19 |
| 　莫斯科贴现银行 | 1.81 |
| 外省银行 | |
| 　亚速 – 顿河商业银行 | 2.47 |
| 　华沙商业银行 | 2.44 |
| 　敖德萨贴现银行 | 1.46 |
| 　梯弗里斯商业银行 | 0.79 |

　　资料来源：Источник：рассчитано по счетам прибыли и убытков（чистая прибыль）и ежемесячным балансам（среднегодовые активы）за 1998 г.：Статистика краткосрочного кредита. Операции акционерных банков в 1894—1900 гг. СПб., 1905。

第七章

# 革命前俄国银行模式：发展
# 历程及相关理论

## 一　实业精英的两种信用模式：革命前俄国的
## 实业银行和储蓄银行

按照统计数据，我们可以划分出 19 世纪下半期到 20 世纪初俄
国运营的两大银行模式具有的类型特点（见表 7 - 1）。

表 7 - 1　革命前俄国按业务划分的实业银行和储蓄银行模式

| 项目 | 储蓄银行模式 | 实业银行模式 |
| --- | --- | --- |
| 票据贴现 | 较高或中等发展水平（占资产比例在 25% 以上） | 较弱或中等发展水平（占资产的比例不到 25%） |
| 同业往来账户贷款 | 不发达（占资产的比例大约为 5%） | 较高发展水平（占资产的比例在 30% 以上） |
| 自有资金 | 中等发展水平（占资产的比例为 25%） | 中等或较高发展水平（占资产比例在 20% ~30% 及以上） |
| 定期存款 | 中等或较高发展水平（占资产的比例在 20% 以上） | 发展水平较弱或几乎空缺（占资产的比例低于 10%） |

续表

| 项目 | 储蓄银行模式 | 实业银行模式 |
|---|---|---|
| 买卖差价利润 | 占总收入的比例在 15% 以下 | 经济上升期处于高发展水平（占总收入的比例在 25% 及以上），经济下滑期处于低发展水平（占总收入的比例在 5% 以下） |
| 同业往来账户佣金利润 | 水平不是很高（约占总资产的 5%） | 经济上升期处于较高发展水平（占总收入的比例在 15% 及以上），经济下滑期处于较低发展水平（占总收入的比例在 5% 以下） |

　　就绝大多数俄国银行贴现业务达到相当规模这一点来看，我们可以得出如下结论：革命前俄国绝大多数银行恰恰是贴现类型银行（根据主营资产业务命名）和传统的储蓄类型银行（根据主营负债业务命名）。（1）资产负债表中票据贴现业务占资产比例在水平及以上；（2）资产负债表中同业往来银行业务发展起色不大；（3）损益账户显示，同业往来账户中汇率及代理佣金的利润收入较低；（4）资产负债表中自有资金占负债比例在中等及中等水平以下；（5）资产负债中存款是最大的负债项。这些是这类银行业务经营重要的数量上的特点。

　　从业务经营基本原则的角度看，在首先启用贴现客户互助担保制度的情况下，这类银行累积建起了自己的客户群。办理抵押贷款时，贴现或是储蓄银行更喜欢接受国家有价证券作为抵押物，这一点从贷款抵押物的统计信息中可以看出。这类银行几乎不从事汇率业务。

　　上面阐述的担保制度以及抵押贷款的严格工作制度确保了银行从事贴现贷款业务的相对安全性，而这项业务是该类型银行的主营收入项。

在个人信用担保以及物质担保达到很高水平的情况下，业务应急处理就不会起到更大作用，因此，最初只是针对短期信贷开发的金融业务就能够具有较长期性。

储蓄银行客户的部门领属关系同样具有较为重要的意义。排在头等重要位置的是银行与之打交道的企业主群体。如果说这个客户群体局限在某个独立的经济部门，那么银行就会作为该部门银行（或专业银行）发挥作用。

和储蓄银行不同的是，实业银行经营重点放在基金业务上，整个体系可细分为以下业务方向：（1）此种情况下无用票据抵押贷款（根据资产负债表）急剧下降；（2）大额资产集中在有价证券抵押贷款同业往来账户来账上（根据资产负债表）；（3）银行吸纳汇率及代理佣金高额收入（损益表）；（4）自有资金和同业往来账户跨行信贷的高比例结合形成银行资金源（根据资产负债表）。

这类业务模式最开始就以攫取汇率收入和订立服务代理交易契约为追求目标。传统的贴现贷款业务在这类银行业务中还保留一定的意义，但是在一定条件下，基金服务系统要么做自我整合，要么就被淘汰。通常，这一切由下面情况预先决定，即银行作为有价证券市场上的重要代理商，有机会来调控市场运行情况。除了投机交易证券基金牌价外，银行能够维护基金牌价的稳定性，接受它们作为贷款抵押物。同时，银行似乎会为自己量身定制抵押品。这种情况下，这类业务的担保不是出于代理商个人或者抵押物的品质如何，而是出于有价证券发行商的信誉度。那些监督管理并负责发行证券基金的机构更应该处于和已经处于实业银行的关注重心上。这一切导致了这类银行对它们与之打交道的股份公司的稳定经营极为感兴趣。因此，金融工业财团的组建，同样会在其整个体系中再度建立互助担保制度，在实业银行中，经济主体能够获取银行贷款的决定因素是与这类财团关系的亲疏远近。

这种情况下，在银行实务中对拟合作的工业部门做出方向性选择同样会通过这一金融工业财团的建立来间接实现。

## 二　综合银行问题及其竞争力

如果说，实业银行和储蓄银行是不同类型的金融机构的话，那么，它们之间的竞争力达到了什么程度呢？为了回答这一问题，必须对能够说明银行经营活动特点的综合指标加以比较分析。

银行业务经营指标包括：（1）盈利率，即单位固定资本提供的净利润；（2）资产收益率，即投入资产项中净利润占平均资产总额的比例，通常为0或在5%～7%；（3）；收益赚头，即净利润占银行总收入的比例，换言之，收益赚头越大，银行支出越少，恒定范围在0～100%。

表7-2至表7-4揭示了1873～1913年每五年这些数据指标的计算结果。现代银行实务在从业实践中研究了银行经营结果计算系数的合理值。[①]19世纪，银行实务中列入了专家评审方法的一些

---

① Панова Г. С. Анализ финансового состояния коммерческого банка. М.，1996. С. 95–115.

修正方案。尤其是在当今时代，盈利率为 10% 被认为是正常的经营结果。但是，对于 19 世纪而言，这样的评定标准和浮动范围显然不够精准，况且盈利率还没有超过 10%。这一点足以证明银行经营存在重大问题。

表 7-2　俄国大型商业银行资本盈利率（1873~1913 年）

单位：%

| 银行 \ 年份 | 1873 | 1878 | 1883 | 1888 | 1893 | 1898 | 1903 | 1908 | 1913 |
|---|---|---|---|---|---|---|---|---|---|
| 圣彼得堡实业银行 | | | | | | | | | |
| 圣彼得堡国际商业银行 | 12 | 19 | 15 | 17 | 15 | 16 | 11 | 15 | 16 |
| 圣彼得堡贴现贷款银行 | 16 | 24 | 14 | 17 | 12 | 22 | 9 | 12 | 17 |
| 圣彼得堡私营商业银行 | -10 | 7 | 8 | 5 | 7 | 12 | 7 | -1 | 13 |
| 俄国外贸银行 | 3 | 13 | 8 | 4 | 7 | 13 | 6 | 13 | 15 |
| 俄国工商银行 | | | | | 14 | 17 | 7 | 11 | 13 |
| 圣彼得堡和莫斯科储蓄银行 | | | | | | | | | |
| 伏尔加-卡玛商业银行 | 16 | 17 | 23 | 29 | 34 | 36 | 31 | 38 | 30 |
| 莫斯科商人银行 | 20 | 15 | 26 | 29 | 23 | 28 | 25 | 44 | 21 |
| 莫斯科贸易银行 | 10 | 8 | 12 | 16 | 9 | 20 | 11 | 16 | 13 |
| 莫斯科贴现银行 | 12 | 14 | | 12 | 10 | 10 | 6 | 14 | 13 |
| 外省银行 | | | | | | | | | |
| 亚速-顿河商业银行 | 8 | 0 | 3 * | 15 | 15 | 18 | 18 | 21 | 24 |
| 华沙商业银行 | 11 | 10 | | 11 | 13 | 12 | 10 | 11 | 14 |
| 敖德萨贴现银行 | | | 13 | 18 | 19 | 18 | 11 | 14 | 17 |
| 梯弗里斯商业银行 | 19 | 19 | | 14 | 16 | 25 | 17 | 22 | 24 |

　　* 由于 1883 年报表的缺失，只计算出 1882 年的指标。

　　资料来源：Источники：рассчитано по счетам прибылей и убытков и ежемесячным балансам；за 1873 г.：Статистический временник Российской империи. Серия II. Вып. 11. Статистика русских банков. Ч. II. СПб., 1875；за 1878 г.：

续表

Ежегодник русских кредитных учреждений за 1878 г. Выпуск II. СПб. , 1882；за 1883 г. : Вестник финансов, промышленности и торговли. Указатель правительственных распоряжений по Министерству финансов. 1883. № 1—52；Отчет Азовско - Донского коммерческого банка за 1882 г. Таганрог, 1883；Отчет Волжско - Камского коммерческого банка за 1883 г. СПб. , 1884；Отчет Московского Купеческого банка за 1883 г. М. , 1884；Отчет Московского Торгового банка за 1883 г. М. , 1884；Отчет Одесского Учетного банка за 1883 г. Одесса, 1884；Отчет Петербургского Международного банка за 1883. СПб. , 1884；Отчет Петербургского Учетного и ссудного банка за 1883 г. СПб. , 1884；Отчет Петербургского Частного коммерческого банка за 1883 г. СПб. , 1884；Отчет Русского для внешней торговли банка за 1883 г. СПб. , 1884；за 1888 и 1893 гг. : Вестник финансов, промышленности и торговли. Балансы кредитных учреждений. 1888, 1889, 1893, 1894. № 1—52；Вестник финансов, промышленности и торговли. Отчеты предприятий, обязанных публичной отчетностью. 1889, 1894. № 1—52；за 1898 г. : Статистика краткосрочного кредита. Операции акционерных банков в 1894—1900 гг. СПб. , 1905；за 1903 и 1908 гг. Статистика краткосрочного кредита. Т. 2. Ч. 1. Балансы акционерных банков за 1901 — 1908 гг. СПб. , 1910；Число филиальных учреждений, капиталы и прибыли акционерных коммерческих банков за десятилетие. 1901—1910. СПб. , 1911；за 1913 г. : Сводный баланс акционерных коммерческих банков. 1913. 1 января — 1 декабря. СПб. , 1913. Русские коммерческие банки по отчетам за 1913 г. в сравнении с 1912 г. СПб. , 1914。

### 表 7 - 3  俄国大型商业银行资产收益率（1873～1913 年）

单位：%

| 银行＼年份 | 1873 | 1878 | 1883 | 1888 | 1893 | 1898 | 1903 | 1908 | 1913 |
|---|---|---|---|---|---|---|---|---|---|
| 圣彼得堡实业银行 | | | | | | | | | |
| 圣彼得堡国际商业银行 | 5.4 | 6.6 | 6.5 | 5.9 | 5.4 | 5.1 | 5.2 | 5.5 | 5.5 |
| 圣彼得堡贴现贷款银行 | 6.4 | 6.6 | 6.8 | 5.6 | 3.9 | 5.6 | 4.8 | 5.4 | 5.1 |
| 圣彼得堡私营商业银行 | 3.8 | 5.3 | 6.2 | 5.6 | 6.5 | 5.6 | 4.1 | 4.8 | 7.4 |
| 俄国外贸银行 | 5.6 | 7.2 | 5.8 | 3.6 | 5.2 | 5.6 | 4.0 | 7.2 | 4.5 |
| 俄国工商银行 | | | | | 5.1 | 5.5 | 4.1 | 5.4 | 5.5 |

**续表**

| 银行＼年份 | 1873 | 1878 | 1883 | 1888 | 1893 | 1898 | 1903 | 1908 | 1913 |
|---|---|---|---|---|---|---|---|---|---|
| 圣彼得堡和莫斯科储蓄银行 | | | | | | | | | |
| 伏尔加－卡玛商业银行 | 6.7 | 5.4 | 6.9 | 6.7 | 5.3 | 5.1 | 5.2 | 6.4 | 5.6 |
| 莫斯科商人银行 | 6.3 | 4.8 | 6.3 | 7.4 | 4.8 | 4.9 | 5.0 | 6.0 | 5.7 |
| 莫斯科贸易银行 | 8.2 | 5.1 | 6.5 | 6.6 | 4.8 | 5.0 | 5.3 | 6.6 | 6.4 |
| 莫斯科贴现银行 | 6.1 | 4.9 | | 6.3 | 5.0 | 5.1 | 4.8 | 5.8 | 5.8 |
| 外省银行 | | | | | | | | | |
| 亚速－顿河商业银行 | 6.2 | 6.1 | 6.9* | 6.5 | 6.3 | 5.3 | 5.4 | 6.0 | 6.1 |
| 华沙商业银行 | 5.1 | 3.7 | | 5.7 | 4.7 | 4.0 | 4.6 | 4.7 | 4.4 |
| 敖德萨贴现银行 | | | 5.2 | 5.1 | 4.6 | 4.6 | 5.3 | 5.0 | 5.1 |
| 梯弗里斯商业银行 | 6.8 | 3.4 | | 3.9 | 3.2 | 4.1 | 5.2 | 5.3 | 5.2 |

\* 由于 1883 年报表的缺失，只计算出 1882 年的指标。

资料来源：Источники: см. источники к Таблице 28。

### 表 7 - 4　俄国大型商业银行收益赚头（1873～1913 年）

单位:%

| 银行＼年份 | 1873 | 1878 | 1883 | 1888 | 1893 | 1898 | 1903 | 1908 | 1913 |
|---|---|---|---|---|---|---|---|---|---|
| 圣彼得堡实业银行 | | | | | | | | | |
| 圣彼得堡国际商业银行 | 57 | 70 | 64 | 69 | 57 | 51 | 34 | 31 | 23 |
| 圣彼得堡贴现贷款银行 | 43 | 61 | 60 | 63 | 57 | 54 | 23 | 20 | 35 |
| 圣彼得堡私营商业银行 | －65 | 32 | 44 | 69 | 54 | 50 | 23 | －5 | 42 |
| 俄国外贸银行 | 42 | 74 | 68 | 47 | 58 | 49 | 18 | 24 | 27 |
| 俄国工商银行 | | | | | 59 | 56 | 19 | 22 | 24 |
| 圣彼得堡和莫斯科储蓄银行 | | | | | | | | | |
| 伏尔加－卡玛商业银行 | 23 | 31 | 37 | 48 | 52 | 42 | 34 | 31 | 24 |
| 莫斯科商人银行 | 25 | 28 | 38 | 37 | 42 | 26 | 19 | 23 | 21 |

续表

| 银 行 ＼ 年 份 | 1873 | 1878 | 1883 | 1888 | 1893 | 1898 | 1903 | 1908 | 1913 |
|---|---|---|---|---|---|---|---|---|---|
| 莫斯科外贸银行 | 28 | 34 | 38 | 42 | 32 | 60 | 27 | 29 | 31 |
| 莫斯科贴现银行 | 21 | 31 | | 44 | 42 | 31 | 14 | 22 | 21 |
| 外省银行 | | | | | | | | | |
| 亚速－顿河商业银行 | 22 | 0 | 11* | 35 | 21 | 35 | 24 | 32 | 32 |
| 华沙商业银行 | 37 | 55 | | 59 | 59 | 54 | 30 | 29 | 30 |
| 敖德萨贴现银行 | | | 44 | 59 | 57 | 38 | 33 | 35 | 40 |
| 梯弗里斯商业银行 | 42 | 33 | | 47 | 50 | 55 | 33 | 25 | 31 |

＊ 由于 1883 年报表的缺失，只计算出 1882 年的指标。

资料来源：Источники：см. источник к Таблице 28。

　　表格里的数据从个别金融机构管理质量水平来讲十分重要，因为金融财团的领袖及财团外机构，无论是在实业银行还是在储蓄银行中都随处可见。

　　但我们还是建议将所得系数作为信息资料，以便于深入思考不同金融机构之间的竞争力问题。储蓄银行和实业银行两种模式展示出两类风险管控机制：与实业银行相比，储蓄银行在交易所行情看涨时会得到较少的利润，但当遭遇经济危机时，这类银行规避风险的能力较强，其运营更加稳定。况且，对于金融机构而言，无论是实业银行还是储蓄银行，其经营成果相对来讲都较为接近，这一点使我们完全能够得出关于这两类银行较长时期内竞争力如何的结论。

　　至于细节，伏尔加－卡玛商业银行、莫斯科商人银行等大型储蓄银行一贯的经营特点是获取高的盈利率，其中原因是这些银行的固定资本投入不大。而且，值得关注的是，莫斯科的小型银行无论怎样都未能成功地像"储蓄银行航母"那样稳定收支比例。自然，实业银行盈利率水平并不很低，因为这类模式的银行业务运营原本依托的是个人巨资。不过，多家实业银行呈现出良好的经营结果要排除 20 世纪初经济危机时期，因为当时银行利润急剧减少。

革命前俄国银行资产平均收益率在 5% 和 6% 之间波动；这一点证明，金融市场中不同的实业银行和储蓄银行有机会得到大概同等数额的收益。

收益赚头，或者说总收益中的净利润比例，储蓄银行在 30% ~ 40%，而 19 世纪的实业银行在 50% ~ 60%。这一切表明，储蓄银行是在负债很重的情况下运营，其中的原因是办理储蓄业务。由于这个原因，储蓄银行需要动用总收入中的大部分来支付存款利息，该项支付远远高出实业银行的同项业务操作。我们记得，后者几乎并不操作存款业务。20 世纪初经济危机和萧条时期，实业银行绝大多数较"廉价的"负债并无多大变化。

到 1910 年，当俄国经济走出低谷、摆脱萧条时，俄国不同类型银行的业务模式逐渐接近的趋势已经十分明显。战前经济高涨时期，实业银行与储蓄银行之间已经观察不到鲜明的对立关系。整个过程沿着实业银行越来越接近储蓄银行模式的轨迹发展。实业银行吸收了储蓄银行的经营特点，这就是银行实务综合化的过程，也就是综合银行或混业银行形成的过程。从储蓄银行角度可以看出现了明显的类似过程，但是这个过程表现得并不那么明显。实业银行与储蓄银行经营活动特点兼容演化之路表明，俄国私人信贷机构已寻找到一种银行经营风险与可靠性担保合理融合的方式，但是，20 世纪综合型商业银行产生发展过程却被俄国暗淡历史时期的开始打断。

# 三　从商业网络理论角度看银行模式

目前，无论是俄国史学界还是外国史学界，都积累了关于 19 世纪到 20 世纪初企业主集团足够丰富的信息。现在让我们对该问题做一下总结。西欧经济史学家提出了商业网络理论，这是他们一种自我的总结方式。今天，他们进行的这种总结性研究工作受制于广泛存在的社会学科跨学科的相互影响关系。商业网络理论的主要思想源自社会学和人类学，研究重心是由于从事同一项活动、拥有共同信息渠道而聚集在一起的一群人。处在竞争激烈的环境中的人们，总是试图确保自己在其他人群面前居于优势地位，并且尽量降低所从事活动遭遇失败的风险，也正因为如此，人们才采用结盟的方式。从经济学角度讲，实业伙伴结成一个个这样的团体，它们构建、支撑并保留了信息传递渠道，而这一点对于商业经营十分重要，因而被称为商业网络。

银行发展史上有太多运用企业主网络联盟理论的机遇。特别是这一理论能够解释 19 世纪下半期到 20 世纪初期俄国两大类股份商业银行发展史实。（1）贴现银行或是储蓄银行，经营主旨是以票据贴现方式向地区企业主联盟提供贷款服务；（2）实业银行，经营主旨是服务于有价证券市场。在第一种情况下，银行通过获取有关客户个人及其从事的生意最多的最完全的信息以确保自己业务经营活动的安全性；在第二种情况下，银行主要是通过收集有关发行有价证券机构的财务状况信息以保证安全性。信息的收集及分析评定工作并不总是顺利的，俄国股份商业银行快速的且饱含历史故事的发展历程是这一切的最好见证。

　　"诚信"这个名词是关于企业主经营活动在相对封闭的企业主团体范围内实现的理论的核心。诚信是企业安全可靠经营的有效保障，它有利于经济主体顺利建立业务关系。初看上去，这样的观点有可能引起误解，首先应该是法律条文担保商业安全问题。如果排除掉一种本质特征，那么上述说法比较绝对：法律总是事后站出来说话，也就是当发生经济犯罪后，法律才开始捍卫正义！因此，法律是企业经营免遭风险损失的一种方式。这是一种极端的保护形式。

　　为了能够顺利经营，企业还需要一种安全保障系统，该系统在契约订立早期就已经开始发挥效力。每一个社会的历史发展道路都不同，处在不同的历史背景下，每一个社会都研究制定了企业经营活动准则，这些准则主要为确保全面的程度不同的安全担保，并且远非所有准则最后都能成功地被写进法律。

　　现代经济史将实业伙伴彼此之间的信任视为得到很好调整的信息交换渠道发挥功效的结果。从理论上和具体、历史地对这些信息源流的研究最终发展为企业网络联盟理论或是商业网络理论，该理论在当今外国对 19 世纪至 20 世纪初商业史的研究中得到广泛应用。①

　　这里我们旨在向学术界介绍商业网络理论的基本原则，揭示这些理论思想同俄国历史编纂学学术传统的分歧与接近的观点，揭示该理论用于研究 19 世纪下半期到 20 世纪初俄国银行业务的总原则。

---

① 运用商业网络理论研究 19 世纪至 20 世纪初企业史，使我们对第 12 届世界经济史大会（马德里，1998）"商业网络和实业文明"分会场的会议资料有了一定认识和了解。

## （一）商业网络理论和外国企业经营活动发展史研究

商业网络理论在研究兴趣广泛的外国企业史学派中占有什么样的地位？为回答这一问题，首先必须指出的是，尽管现代企业史研究与人文社科各领域有着广泛的跨学科联系，但其理论核心仍然是新制度经济学和演化经济学。新制度经济学建立在交易费用经济学基础上，而演化经济学从经济前景角度分析研究变革与技术创新。[①]但是，作为一门跨学科理论，近十年诞生了一个新学派，该学派从企业文化演进角度研究企业史，企业文化成为企业史研究新视角。并且，对于什么是企业文化这个问题，并没有统一的看法，许多作者依据相当传统的企业文化定义，借用了科学管理理论，科学管理理论将商业文化视为商业程序流程总和。[②]

有三部学术专著提出了企业文化创新观点，这些研究成果开始将企业文化视为一种商业信用保障机制。[③]今天这个学派最著名的一位理论家是马克·卡松。[④]上面提及的商业网络理论由企业文化问题的研究理论派生而来。商业网络理论关注的中心是企业经营安全性保障系统，该系统的建立借助于对于某个企业主联盟而言共同

---

① Поткина И. В. Современное состояние 《business history》（истории предпринимательства）за рубежом // Экономическая история：Обозрение. М.，2001. Вып. 6. С. 149—153.

② Lipartito K.，book review，in *Business History and Business Culture*，ed. by A. Godley, O. M. Westall（Manchester University Press，1997）；*Business History Review*，Vol. 73，No. 1（Spring，1999），pp. 126 – 128.

③ Ibid.

④ M. Casson，"Entrepreneural Networks：A Theoretical Perspective," in *Entrepreneurial Networks and Business Culture*，Proceedings Twelfth International Economic History Congress, Madrid，1998，pp. 3 – 28；*Cultural Factors in Economic Growth*，ed. by M. Casson，A. Godley（New York：Springer，2000）.

具有的信息交流渠道组织的建立与维护。这一理论源自 M. 韦伯，他将社会学及人类学的思想融入企业兴衰史研究。①

### （二）商业网络理论基本观点

企业网络联盟，或者说商业网络，是一个相对稳定的实业伙伴结成的团体，这些商业伙伴合并统一了信息交流渠道。这样自然形成的联盟，其目的是获取企业经营必要的可靠的信息。

问题是，对于企业经营管理来说，自由市场就是一个极度危险的雷区。如何正确导航驶出这片危险区域呢？为此，社会成立了专门机构，形成了传统，这一切在一定程度上能够限制不正当的自由竞争。

市场能够自组织的一个因素是信息，也就是企业经营每日决策必需的信息。为培育市场，一般需要有关商品价格、企业经营预期变化、潜在客户等方面的信息，缺少必要的信息，企业无法就投资、雇工、使用新技术等问题做出决策。但是，众所周知，及时的必要的信息不会同时传递给所有市场主体。市场竞争缘于对信息的争夺战。谁从中获胜，谁就能抢先一步得到准确的数据信息。需要付出一定的努力才能得到必要的有价值的信息。为此，社会建立了专门的机制，目的是寻求、传递信息，自然还有信息安全问题。

人是企业经营最好的信息源泉。换言之，企业经营活动中往往最重要的不是你知道什么，而是你认识谁，因为你认识的人能够帮你获取信息。当然，这种情况下，应该和那些掌握必要信息的人打

---

① Lipartito K. , op. cit.

交道。并且，我们之一打交道的不是学识渊博的某一个人，我们最好要认识人际交往广泛的那些人，也就是说，那些能够作为人际交往中间桥梁且做决策的人，那些为做到这一点而手里掌握必要信息的人。[①]

企业经营中有一种最重要的信息形式，即关于不得不打交道的人的信誉的信息。在这一点上，"信用"和"信息"这两个概念合二为一，它们是保护生意免遭风险的重要因素。人们更加愿意同自己熟知的人打交道，而新朋友理应是那些从业信誉良好、不会引人怀疑的老朋友介绍来的。

因此，一定历史条件下的自由市场将拥有共同信息源者组织成一个团体，信息为团体成员所共享。从个别经济主体讲，任何水平的商业网络，其主要功能是获得自己经营必需的信息，向网络中的其他成员提供所需信息。

网络成员从业信誉高，彼此信任，这是确保接收高质量信息的方式，不仅如此，这样还保护了该企业主团体的利益免受某个合作伙伴不诚实带来的损失。但是，信誉机制作为一种防骗方式一直运用到今天，为每一个企业主揭示一些团体内违反诚信的行为，有可能造成物质利益损失。如果这方面的历史条件和环境发生变化，商业网络就将自行毁灭。

经济、社会、宗教、道德和民族等许多因素对网络建立起到了重要作用，作为市场协调机制自然产生。由于历史条件的原因，这些因素要么表现鲜明地共同发挥作用，要么一切相反，彼此界限模

---

① M. Casson, "Entrepreneural Networks: A Theoretical Perspective, Entrepreneurial Networks and Business Culture," Proceedings Twelfth International Economic History Congress, Madrid, 1998, p. 16.

糊，不够清晰。网络加强了社会信息流的碰撞和散播，提升了合作高度，削弱了竞争力，增强了彼此责任感，而这一切都是社会期待的结果。

网络不是管理市场信息唯一的机制。相对于网络来说，较低级的单个公司或较高级的自由竞争市场都是另一种形式的信息管理机制。在不同的时代，在不同的历史背景下，在不同的经济部门中，上述任何形式的信息管理机制都可能成为信息传递最适用的一种。各种信息管理机制都应该符合它形成的历史条件，有效地发挥职能作用，之后渐渐衰弱，而后面情况发生在信息收集或技术处理必须提到问题解决议事日程上来的时候，单个公司或整个市场比个别网络更加容易处理这些问题，而且处理得会更好。

商业网络各自具有不同的规模和容量，局部相互吻合。小局域网具有跨地区的中等水平端口。跨地区商业网的各个网点链接国际网络。国际网络客户端有国际水准的进口商、出口商和银行精英。较高级网络成员同时还属于几个较低级网络，不过是在保证区域间信息传递最佳协调发展的前提下。

透过商业网络理论研究的市场，已从波涛汹涌的江海变成静静流淌的条条小溪，有着严格的等级制度和规范。重现市场的兴衰史，这一切取决于企业公文文献保存的程度。因此，摆在我们面前的还有一条理论通道，它能够阐释与企业史研究相关的因素。

## （三）商业网络理论与俄国历史编纂学传统

苏联时期的俄国经济史中，占有重要地位的是对与商业网络这个概念对应的关系网引发的各种社会现象的研究。话题涉及工业金融集团以及它们的人事结合变动情况。苏联历史编纂学认为，"人事结合"这个概念源自列宁在《帝国主义是资本主义的最高阶段》中的一段描述："银行同最大的工商业企业之间的所谓人事结合也发展起来，双方通过占有股票，通过银行和工商业企业的经理互任对方的监事或董事，日益融合起来。"①

人事结合被视为金融资本发展过程中的一种现象。然而，众所周知，银行资本和工业资本融合，其结果是形成了金融资本，这个过程是苏联历史编纂学的中心问题之一。金融资本被视为国家垄断资本主义制度不可分割的一部分，国家垄断资本主义首先被认为是十月革命基本的经济前提。②

20 世纪俄国历史编纂学对人事结合这个问题做出最系统论述的是鲍维金和 К. Ф. 沙茨洛的《第一次世界大战前俄国重工业的人事结合问题》。③此外，上述两位学者的文章介绍了人事结合专项研究的成果。鲍维金和沙茨洛全面分析了 1910～1917 年 412 家股份资本不低于 50 万卢布的大型重工业企业董事会人员。研究的企业分属采矿、煤炭、石油、冶金、金属加工、电子和水泥工业部门。④作者研究了与"人事结合"概念相对应的四类关系：（1）进入银行领导层的企业领导人员；（2）进入工业企业领导机构的银

---

① Ленин В. И. Полн. собр. соч. Т. 22. С. 208.

② Обзор историографии по этому вопросу см. в: Бовыкин В. И. Зарождение финансового капитала в России. М. , 1967. С. 40—42 ; его же. Формирование финансового капитала в России. Конец ХIХ — 1908 г. М. , 1984. С. 9 – 15.

③ Бовыкин В. И. , Шацилло К. Ф. Личные унии в тяжелой промышленности России накануне Первой мировой войны // Вестник МГУ. Серия 《История》. 1962. № 1. С. 55.

④ Там же. С. 55—56.

行管理人员，或者专门负责监督企业集团与工业部门集团的人员；
（3）各大股东，可以是个人，也可以是联合公司；（4）金融寡头
同国家机关的人事结合，即国家公职人员参与企业和银行领导机
构。

诚然，前三种关系类型还应该将俄国本土资本的和外国资本
的关系网加入其中。文章就每一种关系类型举出大量人事结合的
实例，但是参股制的情况除外，因为这一点必须按俄国股份合作
制企业年册上公布的董事会成员名单的数据信息进行相关研究。

文章强调指出，人事结合只是一个稳定的常设关系的研究指
标。为弄清它的性质，必须进行专门具体的历史的研究。[1]但不得
不承认的是，如果银行代表担任工业企业的领导，就能更好地证明
银行在监督企业经营情况。同时，例如，只有那些有实力的、有竞
争力的金融工业财团才能出席银行委员会例会。不过，银行与企业
的联系只能通过最高管理层而不是领导个人实现，在这种情况下，
研究人事结合问题就是无效的。

鲍维金和沙茨洛特别揭露了最大财团的运营情况，它们基本上
是同重工业有密切联系的圣彼得堡的大型银行。Ю. А. 彼得罗夫对
莫斯科金融工业财团这方面做了系统翔实的研究。[2]

俄国历史编纂学着重研究的恰恰是金融工业财团，将其视为出
于自身利益团结起来的商业企业集合（金融、投资、技术创新、
知识产权、信息等领域）。其成立的目的是提升竞争力、扩大销售
市场、提高生产率等。

---

[1]　Там же. С. 58.

[2]　Петров Ю. А. Коммерческие банки Москвы: Конец XIX в. —1914 г. М.，
1998.

这样一来，金融工业财团就是法人代表的集合，无论是母公司的还是子公司的法人代表，这些人在相应的契约的基础上，投入了自己全部或部分物质的、非物质的资产和财富，目的是实现技术和经济一体化，实现投资规划，旨在提高竞争力，扩大商品销售和服务市场，提高劳动生产率，增加新就业岗位。

同金融工业财团打交道，其中还包括企业经营网络这个方面，正是借助这个网络平台，金融工业财团才能够掌控和管理全部资产，保证获得必要信息以支持这一切顺利进行。

因此，我们可以说，俄国历史编纂学突出研究一定类型的商业网络，研究金融资本这个具体问题框架下的高级商业网络。

近 10～15 年来，俄罗斯出版了大量研究著作，都是关于革命前企业主民族和宗教的单一团体的主题。①

但必须强调的是，所有上述情况下对企业团体联盟的研究，较之商业网络理论，完全是在另外一种范式的范围内展开。有一点要提醒大家，西方的商业网络理论产生于企业史和企业文化的理论研究。人类关系全部种类都可以归属这个范畴，各种人与人的关系在企业经营活动中实现。正因为如此，俄国历史编纂学没有研究作为具体的商品货币协调渠道和机制的单个商品和服务市场的先例。要

---

① Напр., см.: Ананьич Б. В. Банкирские дома в России. 1860— 1914 г.: Очерки истории частного предпринимательства. Л., 1991；Иностранное предпринимательство и заграничные инвестиции в России: Очерки. М., 1997；Керов В. В. Духовный строй старообрядческого предпринимательства: альтернативная модернизация на основе национальной традиции // Экономическая история: Ежегодник. 1999. М., 2000. С. 195—234；Петров Ю. А, Немецкие предприниматели в дореволюционной Москве: торговый дом 《 Вогау и К° 》 // Экономическая история: Ежегодник. 2000. М., 2001. С. 241—268；и др.

知道，恰恰是这种性质的研究工作在商业网络理论应用于世界企业史研究中占有重要地位。①

不过，这条"支流"并不阻碍俄罗斯和西方相互理解，因为西方历史编纂学有着丰富的关于 19 世纪至 20 世纪初企业界金融公司联合关系方面的学术成果。②这些专著完全符合俄罗斯企业史研究方向的时代精神，近几十年来，俄罗斯企业史研究中占重要地位的是关于个别公司与企业家族关系史方面的研究。

## （四）19世纪银行实务商业网络的理论与实践

银行实务是 19 世纪到 20 世纪初商业网络理论研究最鲜明的实例。在这个历史时代的任何时候，银行业始终是经济中最大的利益团体。正是从这个经济领域可以挖掘许多实例来概括总结实业界的精英、大股份公司、母公司与子公司的关系。③

有一个事实毋庸置疑，企业经营伙伴应该是诚信、可靠的人，换句话说，应该是掌握可靠信息的人。但是，如果话题不是关于商

① Об этом см.：Верле П. Современная французская экономическая история：новейшие тенденции в изучении истории торговли // Экономическая история：Обозрение. М，1998. Вып. 3. С. 128—129；Verley P. Institutions du marché et réseaux de personnes：tes intermédiaires du marché financier de Paris au XIXc siècle // Entrepreneurial networks and business culture. Proceedings. p. 55 – 67.

② Библиографию см. в：Cassis Y. Finance，"Elites and the Rise of Modern Capitalism：Finance and the Making of the Modem Capitalist World，1750 – 1931，" Proceeding XII International Economic History Congress，Madrid，1998，pp. 63—70；Kurgan – van Hentenryk G. Finance and Society. Social and Geographical Aspects of Financial Networks // Idem，pp. 71 – 79.

③ Напр.，см.，*Finance and Financiers in European History*，*1880 – 1960*，ed. by Y. Cassis（Cambridge；Paris），1992.

业伙伴而是关于其他，比如银行贷款客户呢？那一切又该怎么办？如何评价19世纪的银行？将资金贷给具体客户是否可信？

可以概括性地说，银行以两种形式——各种物质财富抵押贷款和无抵押贷款——贷款给客户。既然各不同形式的贷款办理是银行与市场信息交换的结果，那么我们应该更加详尽地分析19世纪下半期到20世纪初股份商业银行体系的实例。我们提醒一下，这些金融信贷机构首先旨在服务于企业主客户群，并且是资金相当雄厚、经济实力强大的客户群。

19世纪银行实务理论与实践中的贷款总分类基于银行对客户支付能力的信任度。[①]同时，贷款可能是个人贷款或抵押贷款。

个人贷款是一种向个人提供的无抵押贷款。按照银行意见，个人应具有足够的支付能力和良好的信誉，这几点只有汇总在一起才能够担保贷款足额按时地偿还。抵押贷款不是贷款给个人，而是贷款给提供做抵押的物质资产。在这种情况下，得到贷款资金的个人也是十分重要的一个方面，但是这一重要性成为决定性因素也只能在贷款有足够的物质担保的前提下。

19世纪银行实践中，个人贷款的主要形式是票据贴现，只有当银行对签名票据的个人以及向银行提出贴现的个人的支付能力及从业信誉充满信任时，这项贷款业务才得以实现。这些人员的信誉在他们向银行提出办理票据抵押贷款之前要详细审核。

抵押贷款是由各种物质财富做抵押申请的贷款。19世纪下半期到20世纪的俄国股份商业银行体系中，申办抵押贷款的抵押物有四种：

---

① Об этом см. : Барац С. М. Курс вексельного права в связи с уче-нием о векселях и вексельных операциях. СПб. ，1893；Дмитриев – Мамонов В. А. ，Евзлин З. П. Теория и практика коммерческого банка. Пг. ，1916.

（1）国家公债，政府担保的以及私人的有价证券；（2）商品物资；（3）商品货单，包括货栈仓储证明，铁路及其他运输部门的接货单和货运单，其他类似性质的商品单据；（4）贵金属。

理论上讲，个人贷款和抵押贷款是银行与客户之间两种截然不同的相互信任模式。银行对贷款个人的信任度越高，需要提交的抵押物就越少，否则，一切相反。但是，就这个问题的银行实务要复杂得多。

在这种情况下提出哪一种贷款更加可靠的问题显然不够得体。无论是对贴现票据客户表示一定信任还是在评估抵押物时，在一定状况下都可能引发造成财务损失的重大失误。在债务人没有完成票据支付的情况下，票据法相关条款开始发挥效力，竭力追回债款。如果抵押贷款没有偿还，银行将着手拍卖抵押物。对于银行而言，这两种情况都要额外支出费用，甚至还不能保证全部地、主要是快速地抵补损失。因此，重要的是不允许这种情形发生。

银行实务在现金和商品物资业务安全保障机制方面的研究发展，也就是建立足够抵御这一领域风险的保险原则。部分信贷业务适用这些原则，就在于银行一方对客户个人及办理、接收抵押物的质量与形式遵章建制。业务规范和准则使那些信誉度高的人能够进入银行客户群，甚至还能担保银行接收的绝对是质量过关的抵押物。

只有在银行开立贷款账户的客户才能获得贷款或贴现票据。开立贷款账户的手续是，贷款银行下属的贴现贷款委员会详细研究潜力客户的经营状况。贴现贷款委员会负责制定银行贷款政策，该委员会通常由行长、银行董事会及委员会委员等组成，其中大部分是本地区工商界的精英代表。如果贴现贷款委员会委员从正面十分了解这个客户，也就是该企业家的支付能力和实业信誉不容怀疑，委员会就规定客户能够在银行获得的贷款额上限以及办理贷款的条件，包括期限、利率以及抵押物等。

总之，银行会同意那些值得足够信任的、符合资质要求的客户办理票据贴现业务。在办理抵押贷款业务时，银行有时会接收工业股票作为抵押物，银行相信这类有价证券是可靠的。这种信任的基础是银行对发行这些证券的企业经营信息传递顺畅，在这种情况下，发行的有价证券成为银行信任的对象。

在上述两种情况下，关于银行经营范围中应该排除潜力客户和提交抵押的有价证券，银行对此缺乏足够信息。因此，银行在该地区企业集团建立的信息网基础上展开工作。该网络只向银行提供客户和贷款抵押物，而这一切在企业界享有良好的信誉，而通常情况下，银行本身也是在这样的环境下成长起来的。

这种银行同一定企业网络的联系始终存在于"莫斯科"和"圣彼得堡"的银行业。这是 19 世纪下半期到 20 世纪初俄国运营的拥有或多或少鲜明的数据特征的两种商业银行模式面临的现实，其原因是各种重大信息渠道的建立和发展。

第一，分布全国各地的储蓄银行主营票据贴现和吸储，较少关注汇率和代理佣金业务，但是圣彼得堡的部分银行是例外。①正是

---

① 莫斯科银行同工商实业界、同自己客户群建立相互关系，由地区商业网络精英构成的银行贴现贷款委员会起到尤其重要的作用，这一点在根金和彼得罗夫的著作里得到鲜明的体现。См.：Гиндин И. Ф Московские банки в период империализма // Исторические записки. Т. 58. 1958. С. 38—106. Петров Ю. А. Коммерческие банки Москвы. Конец XIX в. —1914 г.

银行贴现客户的个人信息比较灵通，这一点成为银行家免遭损失的一道保险锁。即使出票人破产，票据的买方与卖方都会成为票据付款人，票据签名中途应该更换为签字生效，贴现业务局限在客户企业网络联盟内部，针对银行的互助担保制度将这些客户彼此连接在一起。在这种情况下，只有那些有同银行领导层或者与银行界关系密切的企业团体成员的担保推荐信的个人或有业务接触的人才能够获得银行贷款。

不过，必须指明的是，在 20 世纪初特别是在第一次世界大战前夕，俄国积极的民主化进程以及票据贴现贷款的集约化，不可避免地动摇了股份制企业的根基，也是票据贴现业务的源头。但是，在革命前的整个时期，俄国票据贴现业务也没有找到替代业务。

第二，有别于储蓄银行，实业银行经营的主要是有价证券业务。实业银行关注的中心正是有价证券结构、有价证券的发行和监管。

只能这样解释俄国存在一小批大型银行（圣彼得堡）这个现象，从整体上讲，我们应该将这几家银行算作整个银行业发展背景下的例外。许多情况下，由于有价证券业务的结构特点，圣彼得堡实业银行成为 19 世纪末 20 世纪初重要的金融机构，因此这种模式的银行最初的经营就是为了与股份公司相适应，股份公司大规模成立标志着 19 世纪 90 年代经济获得空前发展，这也是此类银行发展史上最繁荣的时期。

必须指出，正是由于缺乏发行创设活动，苏联历史编纂学没有充分地阐述俄国储蓄银行对国家经济发展的融资作用，只集中研究了金融资本问题，也就是金融资本在实业银行业务结构中占有相当的分量。储蓄银行业务服务于国民经济各部门以及国内各地区，但这类银行只能通过开展贴现贷款业务发挥职能作用，并且区域客户群体需要的也正是银行提供此类服务项目。一战前夕，十多家小型省级储蓄银行的诞生可证明这一思想的正确性。这些新生的储蓄银行见证了全俄企业主新联盟集团被吸入银行客户群、享受银行服务项目的历史事实。

尽管俄国经济、信贷金融的范围以及银行实务在不断地演化和向前发展，但是银行的经营特色，或者说实行的商业政策的主要特征，通常情况下还是保持了下来。其中的原因，看上去是银行客户群缺乏稳定性与继承性。各地区大商人、工业家与首都投机交易者作为银行创始人，能够长期左右和决定银行的"商业政策"。这类客户群与各地区的经济部门紧密相连，值得我们关注。俄国银行沿着将企业主新联盟集团吸收进来并纳入自己职能影响范围的道路演进发展，银行通过该联盟集团沿区域、部门、社会等几个方向拓展自己的经营领域。

# 结　语

　　世界银行史学界对 19 世纪至 20 世纪初专业银行和综合银行的
竞争力问题的研究兴趣从未减弱。[1]今天，有大量研究个别国家银
行实务特点的著述都在致力于解决这一问题。[2]　本书也处于这一主
题研究的轨道上。

---

[1] Напр.，см.，Lamoreaux N. R.，"Information Problems and Banks'
Specialization in Short – Term Commercial Lending：New England in the
Nineteenth Century," in *Inside the Business Enterprise. Historical Perspectives on the
Use of Information*，ed. by P. Temin（Chicago，1991）；"Finance and the
Making of the Modem Capitalist World，1750 – 1931," Proceedings Twelfth
International Economic History Congress，Madrid，August 1998；Capie F.，
Collins M. Banks，"Industry and Finance：1880 – 1914," *Business History*，
Vol. 41，No. 1，1999，pp. 37 – 62；Fohlin C. Economic，"Political and Legal
Factors in Financial System Development：International Patterns in Historical
Perspective," Proceedings of Fourth World Congress of Cliometrics，Montreal，
Quebec，July 6 – 9，2000，pp. 315 – 322.

[2] Tilly R. H.，"German Banking，1850 – 1914：Development Assistance for the
Strong," *Journal of European Economic History*，Vol. 15，No. 1，1986，pp. 13 –
152；Kennedy W. P.，"Historical Patterns of Finance in Great Britain：A Long –
Run View," in *Finance and the Enterprise*，ed. by V. Zamagni（London：
Academic Press）；Calomiris Ch. W.，"The Costs of Rejecting Universal Banking：
American Finance in the German Mirror，1870 – 1914," in *Coordination and
Information. Historical Perspectives on the Organization of Enterprise*，ed. by
N. R. Lamoreaux（Chicago；London，1995）.

本书扼要阐述了不同银行业务模式财务统计的重要特征。由于引用了完整的股份银行财务统计数据资料，这一切使研究工作成为可能。这些数据是从业务结构和发展动态角度对银行商业政策施行方式做出量化的概括性总结的反映。财务统计使我们能够追踪个别银行的业务在短期内的演化史，或者使我们能够对不同银行业务结构相互比较分析。因此，财务统计是银行类型学研究的史料来源，无论是以个别业务还是以银行全部业务的综合为例，财务统计都能够得到详尽研究。

根据分析结果可以得出结论，绝大多数俄国商业银行客户办理信贷业务的基本形式是购买个别企业主的定期借据（即贴现票据）。这些银行的业务模式从个人信贷体系发展而来，出于对客户实业信誉及支付能力的信任，银行会向他们提供贷款。在这种情况下，银行会同与它关系密切的客户打交道。

还有为数不多的几家大型银行，主要是圣彼得堡的银行。就是这些银行成为俄国金融资本的化身。其中的原因在于银行业务结构的独特性。这些银行业务的主要服务方向是有价证券市场（汇率、配售企业新发股票、接收有价证券抵押贷款）。因此，正是这些银行提供了它们与股份制公司企业相融合的经典例证。

尽管在 50 年的时间里，俄国银行体系走过了多半的历程，但个别银行仍然坚守业务模式选择的初衷。早在 1864～1873 年，各家银行的业务特点就已经形成，并一直保持到 19 世纪下半期。20世纪初俄国开启了不同类型银行的业务结构逐渐接近、界限模糊的渐进过程，但最终并没有达到储蓄银行与实业银行业务模式完全融合的目的。

图书在版编目（CIP）数据

俄国股份商业银行：1864—1917 年业务结构和发展
动态／（俄罗斯）C. A. 萨拉玛季娜著；刘玮译. －－北
京：社会科学文献出版社，2019.2
（俄国史译丛）
ISBN 978 - 7 - 5201 - 4058 - 4

Ⅰ.①俄…　Ⅱ.①C…　②刘…　Ⅲ.①股份制商业银
行 - 银行史 - 研究 - 俄罗斯 - 1864 - 1917　Ⅳ.
①F835.129

中国版本图书馆 CIP 数据核字（2018）第 286424 号

·俄国史译丛·

## 俄国股份商业银行：1864～1917 年业务结构和发展动态

著　　者／〔俄〕C. A. 萨拉玛季娜
译　　者／刘　玮

出 版 人／谢寿光
项目统筹／恽　薇　高　雁
责任编辑／高　雁　肖世伟

出　　版／社会科学文献出版社·经济与管理分社（010）59367226
　　　　　地址：北京市北三环中路甲 29 号院华龙大厦　邮编：100029
　　　　　网址：www. ssap. com. cn
发　　行／市场营销中心（010）59367081　59367083
印　　装／三河市东方印刷有限公司

规　　格／开 本：787mm × 1092mm　1/16
　　　　　印 张：15　字 数：175 千字
版　　次／2019 年 2 月第 1 版　2019 年 2 月第 1 次印刷
书　　号／ISBN 978 - 7 - 5201 - 4058 - 4
著作权合同
登 记 号／图字 01 - 2017 - 4439 号
定　　价／98.00 元